periplaneta

NILS FRENZEL: „Warum ich lieber mit einem Bauarbeiter in der Badewanne liegen würde als mit einer Jura-Studentin"
1. Auflage, August 2015, Periplaneta Berlin, Edition MundWerk
© 2015 Periplaneta - Verlag und Mediengruppe
Inh. Marion Alexa Müller, Postfach: 580 664, 10415 Berlin
www.periplaneta.com

Lektorat: Marion A. Müller
Satz & Layout: Thomas Manegold
Cover: Marion A. Müller & Thomas Manegold
Druck und Bindung: CPI Deutschland
Gedruckt auf FSC- und PEFC-zertifiziertem Werkdruckpapier
CD-Pressung: CDA Deutschland
CD-Aufnahmen: Silbenstreif Berlin, LC:20777

print ISBN: 978-3-943876-86-4
epub ISBN: 978-3-943876-92-5

NILS FRENZEL

WARUM ICH

LIEBER MIT EINEM

BAUARBEITER

IN DER

BADEWANNE

LIEGEN WÜRDE

ALS MIT EINER

JURA-STUDENTIN

periplaneta

PLAN ZUR RETTUNG DER MENSCHHEIT

In Zeiten wie diesen kann man schon mal an der Menschheit verzweifeln. Angefangen bei der Frau an der Kasse vor einem, die wirklich jeden von den fünfzehn Eierkartons einzeln auf das Band legt und der Kassiererin, die auch wirklich jeden Karton einzeln einscannt und dann auch noch nachschaut, ob auch wirklich jedes einzelne Ei in jedem einzelnen Karton intakt ist.

Und dann steh ich da und denk, ich hab Tinnitus und dabei piept es doch nur so, weil die Kassiererin so unendlich langsam ist, weil sie alles einzeln einscannt, anstatt einfach fünfzehnmal „**Eier**" einzugeben. Und dann ist ein Ei kaputt gegangen und die Kassiererin beugt sich zu der Frau rüber, hält ihr das kaputte Ei unter die Nase und sagt: „Hey. Ihr Ei ist kaputt gegangen."

Und dann steh ich da, mit meiner Tiefkühlpizza in der Hand und dann nehm ich mir noch den Spiegel mit, weil ich warten muss, und dann steht da wieder irgendwas von ISIS, NSA, CIA-Folterskandal, Pegida und dann denk ich mir nur *‚Boa, Alter, ist die Menschheit kaputt, die ganze Menschheit und nicht nur das eine Ei‘* und in diesen Supermarktmomenten, in denen ich von allem genervt bin, fällt mir immer nur eine Lösung zur Rettung der Menschheit ein: Schildkröten.

Schildkröten sehen gut aus, essen den ganzen Tag nur Salat und antworten nicht, wenn sie nach ihrer Meinung gefragt werden. Weil sie nicht reden können. Niemand würde jemals eine Schildkröte zu „Hart aber Fair" einladen und diese nach deren Meinung zum Nahost-Konflikt befragen und selbst wenn, dann hätte die Schildkröte sicherlich die besten Argumente, nämlich gar keine, weil sie keine Ahnung hat und auch nicht reden kann. Und damit hat sie den meisten Menschen in Talkshows einiges voraus, nämlich ebenjenen, die immer eine Meinung, aber nie eine Ahnung haben.

Ich verstehe diesen ganzen Hundehalter-Hype nicht, wo es doch auch Schildkröten gibt. Hunde, was können die denn schon? Dummes Zeug nachmachen, das Menschen ihnen beibringen, nur damit diese sich daran erfreuen können, was sie ihrem dummen Hund wieder für dumme Sachen beigebracht haben.

„Ja toll, Bello, toll Sitz gemacht! Und, wer hat's dir beigebracht, hm?! Das Herrchen, richtig! Ich bin ein gutes Herrchen, oder Bello?! Widersprich mir, falls ich falsch liege, oder mach Sitz, wenn ich recht habe. Bello, Sitz."

Was soll das?!

Als eine Bekannte von mir von ihrem Freund verlassen wurde, hat sie sich als Erstes einen neuen Hund gekauft, wie ein Snickers am Automaten, auf das man gerade Lust hat. Sie ist ins Tierheim gegangen, hat auf einen Käfig gezeigt und gesagt: „Den da will ich haben!" Und wie oft hört man von Hunden, die hobbymäßig Kinder auf Spielplätzen aufessen, einfach so, weil sie denken, das wäre ein Snickers. Schildkröten essen keine Kinder, sondern nur Salat.

Schildkröten sind sicher. Kein Land der Welt würde jemals einer Schildkröte vorwerfen, es habe biologische Massenvernichtungswaffen im Garten versteckt, nur um anschließend den Garten zu durchwühlen, um an den frischen Salat von der Schildkröte ranzukommen! Schildkröten haben nur *einen* Panzer.

Schildkröten provozieren nicht, sie malen keine Karikaturen und tragen keine Kopftücher. Keine traditionsbewusste, christliche Familie in Bayern muss Angst davor haben, dass ihr Kind jemals von einer Schildkröte mit einem Kopftuch unterrichtet wird und kein knackwurstessender, patriotischer Europäer muss Angst davor haben, dass eine Schildkröte ihm jemals den Job, die Rente oder ein Snickers wegnimmt. Und wenn Schildkröten mal ein Problem haben, machen sie genau das, was jeder gute Politiker weltweit macht, geht es um Folterberichte bei der CIA, NSU-Verbrechen oder um Pegida-Aufmärsche in Dresden: Die Schildkröte zieht den Kopf ein.

Warum gibt es weiße Friedenstauben?

Oh, welch Symbolik, denken sich alle, wenn die freigelassen werden und dann scheißen sie die Autos in der Innenstadt voll. Die Tauben, nicht die Menschen. Ich habe noch nie eine Schildkröte gesehen, die ein Auto angekackt hat. Von oben. Das machen die nicht. Das können die auch gar nicht. Schildkröten können nicht fliegen, aber das müssen sie auch gar nicht können, weil dann wären sie auch schon wieder zu krass und man müsste Gemälde von fliegenden Schildkröten in Kirchen aufhängen, um ihnen zu huldigen und ich glaube nicht, dass die katholische Kirche da mit sich reden lässt. Ich meine, die haben ja auch Frauen im Mittelalter verbrannt, nur weil sie rote Haare hatten, da hat doch bestimmt auch mal eine Frau mit roten Haaren gesagt: „Hey, Herr Bischof, ich verrat Ihnen mein kleines Geheimnis, ich bin gar keine Hexe und abgesehen davon, ist das ganze System, mit dem ganzen *Wer-wird-verbrannt-und-wer-jetzt- nicht,* doch schon ein bisschen willkürlich, oder etwa nicht?"

Und dann hat der Bischof gesagt: „Des basd schoa", weil er wahrscheinlich Franke war, und hat den Scheiterhaufen errichten lassen. Es ist also nicht gerade realistisch, dass es in den nächsten Jahren Bilder von fliegenden Schildkröten in Kirchen geben wird.

Dabei ist der nächste logische evolutionäre Schritt in der Entwicklung der Menschheit zwangsläufig der Gang zur Schildkröte. Schildkröten stellen in unserer schnelllebigen, globalisierten Welt ein Gegengewicht dar.

Auch in puncto Beziehungen: Dann ist Schluss, nichts mehr mit Tinder und mit Bildern von Selfie-Schießenden – manche Rapper würden sagen: „Bitches", beziehungsweise nichts mehr mit Bildern von unterhemdtragenden, posenden – manche Rapper würden sagen: „Discopumpern", ich würd einfach nur sagen: „Vollidioten", und dann das Bild nach unten rechts zum Herzchen wischen. Und auch nichts mehr mit „Browser im Inkognito-Modus aufmachen" und Pornoseiten aufrufen, während die eigene Freundin gerade Salat, Snickers oder Hunde einkaufen ist. Nein.

Schildkröten bleiben sich ein Leben lang treu. Ich weiß zwar nicht, ob das stimmt. Aber das mit den Hexen im Mittelalter hat ja auch nicht gestimmt und das war der Kirche dann im Nachhinein auch ziemlich egal.

Flamme drüber.

Gut, man könnte jetzt sagen: „Schildkröten sind eigentlich ziemlich langweilig, emotionslos, ungebunden und können eigentlich gar nichts." Das stimmt auch, aber immerhin sind sie ehrlich dabei.

Es ist dem Hund doch auch vollkommen egal, wer ihm sein Leckerli gibt, nachdem er Sitz gemacht hat, Hauptsache er bekommt's, und der weißen Friedenstaube ist es noch viel egaler, dass alle denken: ‚Oh, wow! Welch Symbolik, eine weiße Friedenstaube!' Sie will einfach nur weg und in ihrer neugewonnenen Freiheit weiterhin Autos in der Innenstadt vollkacken!

„Zettel?", fragt die Kassiererin mich und zerknüllt den Kassenbon, noch bevor ich antworten kann.

Auf dem Weg nach Hause knurrt mich ein Hund an. Schildkröten knurren nicht. Die essen den ganzen Tag nur Salat und sehen immer so aus wie Benjamin Button in seinen jungen Jahren, denke ich mir, während ich die Fertigpizza in den Ofen schiebe. Schildkröten sind eigentlich ganz coole Typen, stelle ich fest, setze mich auf den Balkon und schreibe einen Text über sie.

Eine weiße Friedenstaube fliegt vorbei ...

... und scheißt mir auf den Kopf.

BAUARBEITER

Alter Falter – wäre ich gern mal Bauarbeiter.
Bauarbeiter sind stark, trinken Bier und schlagen abends ihre Frauen. Voll cool.
Fragt man einen Bauarbeiter, wie sein Tag so war, sagt er nichts anderes außer: „Ganz okay. Ich hab ein Haus gebaut!"
Voll cool.
Der kann dann auch im Neubaugebiet klingeln, wenn irgendeine Familie frisch eingezogen ist, und sagen: „Hey. Das Haus hab ich gebaut."
Und dann steht da so ein kleines Kind, ungefähr fünf Jahre alt, im Türrahmen und sieht ihn mit großen, runden Augen an und fragt dann den Papa, ob das denn wahr sei. Und der Papa, der kann nichts anderes sagen, außer: „JA! Dieser Mann hat unser Haus gebaut. Und jetzt geh Kind, bring ihm ein Bier und deine Mutter."
Alter Falter – wäre ich gern mal Bauarbeiter. Dann würde ich im Hochsommer oberkörperfrei am Bau stehen, arbeiten und wäre glücklich. Denn wenn man studiert, verschwendet man seine Lebenszeit damit, wissenschaftliche Texte zu lesen, die eh keinen interessieren, und gelangweilt in Seminaren ehemaligen Studenten zuzuhören, die es nicht über die Uni herausgeschafft haben und über wissenschaftliche Texte reden, die eh keinen interessieren. Und im Hörsaal tippen übermotivierte Erstsemestler sich die Finger wund, lauschen gebannt, obwohl sie der ganze Müll zwar eigentlich gar nicht interessiert, sich aber so ein Bachelor of Arts ganz gut in einem Lebenslauf macht. Jedenfalls besser als *Öh ... ich wollte studieren, hab aber gemerkt, lesen ist jetzt nicht so meins.*
Im Gegensatz dazu sind Bauarbeiter Menschen, die das Leben auf der Straße noch kennen. Und auf Kreuzungen und Verkehrsinseln. Alles haben sie schon gesehen und schon so viel erlebt.

Sie müssen kein Erasmussemester in Prag machen, um dann mit irgendwelchen tschechischen Studentinnen zu schlafen, um ihren Horizont mal zu erweitern. Straßen sehen eh überall gleich aus. Und wenn Bauarbeiter mal mit tschechischen Studentinnen schlafen wollen, dann gehen sie in den Puff. Weil Bauarbeiter das so machen! Und genau da treffen sie dann Vorstandsmitglieder von der ERGO oder NKD, die erröten, weil sie Frau und Kind zu Hause haben, und die sich für das schämen, was sie tun. Aber Bauarbeiter schämen sich nie. Wenn die Frau und Kinder haben, dann nehmen sie sie einfach mit. Und ich, ich bin ja schon damit überfordert, meinen Studentenausweis immer mitzunehmen.

Wenn man sich an der Uni auch mal die vollkommen überfüllten Hörsäle anschaut, wird einem unmissverständlich klar: Wir brauchen nicht noch mehr Studenten. Wir brauchen mehr Bauarbeiter. Mehr echte Kerle, die noch mit Lehm, Mörtel, Zement, Hammer und Akkuschrauber, statt mit Prezi arbeiten. Denen der Schweiß von der Stirn tropft, die schuften, die spitzkerbige Sägespäne tief in ihrer Hornhaut spüren, die sich anschreien und zurechtweisen, aber trotzdem zusammenarbeiten und -halten und die in der Mittagspause auf einem umgedrehten Kasten Bier noch Armdrücken machen, weil das ganze Testosteron ja irgendwohin muss. Bauarbeiter sind echte Kerle, ganz im Gegensatz zu mir.

Ich habe mal versucht, einen Ikea-Schrank zusammenzubauen. Das hat nicht funktioniert. Bauarbeiter würden darüber nicht einmal lachen, weil sie Ikea verachten. Pressholz – Pah! Schwule, schwedische Fertig-Bau-Scheiße für schwache Studenten, die ein Streichholz nur so lange hochhalten können, bis sie sich ihren Joint endlich angezündet haben. Denn kiffen, das können wir ja alle. Ein bisschen chillen und runterkommen vom harten Alltag. Ich hatte diese Woche auch schon drei Seminare. Ich weiß echt nicht, wo mir der Kopf steht.

So ein Quatsch. Unser Alltag ist überhaupt nicht hart. Wir hängen nur kiffend im Hofgarten rum und schauen heimlich tuschelnd Mädels im Bikini hinterher, wie alte Waschweiber.

Jedenfalls mach ich das. Ein Bauarbeiter macht so was nicht. Der steht morgens im coolen Bauarbeiter-Outfit mit Helm, Zollstock und Hammer in der Hand am Bau und schaut Mädels stolz und offensichtlich hinterher und pfeift auch mal oder sagt so was wie *Hey! Geile Sau.* Und dann, dann baut er ihr ein Haus. Einfach so. Weil er es kann!

Und ich? Ich sitze in Seminaren wie „Wissenssoziologie" und weiß nicht mal was das sein soll. Und sehe mir die ganzen anderen Deppen an, die den Kurs auch nur belegt haben, weil er um zwölf Uhr losging und Ausschlafen geil ist, die aber bei der obligatorischen Frage: „Und warum haben Sie dieses Seminar gewählt?", sagen: „Ja, also Wissenssoziologie hat mich einfach schon immer interessiert. Schon seit dem Kindergarten."

Die Uni ist verlogen.

„Meine Klausur war voll mies!", sagen sie immer und haben dann doch eine 1,3. So was gibt es auf dem Bau nicht. Erstens, weil es keine Noten und zweitens, weil es keine Vergleiche gibt. Da arbeiten alle zusammen. Wenn einer versagt, dann sind alle dran. Das ist wahrer Teamgeist. Germany's next Bauarbeiter – ich würde es mir angucken.

Wir haben zu viele Akademiker und zu wenig Bauarbeiter. Wir brauchen mehr Menschen die schaffen, anstatt Menschen, die sagen, dass sie etwas schaffen, weil sie nach ihrem sechssemestrigen International Business of Management-Baustellen-Facility-Bachelor denken, sie hätten auf der Baustelle was zu melden, obwohl die Lutscher noch nie zehn Stunden in der prallen Sonne gestanden haben und den Geruch von rostigen Nägeln nur von ihren perversen SM-Partys kennen! Wir brauchen mehr Männer mit Brustbehaarung und solche, die diese auch offensichtlich zeigen. Weniger McFit's und Flatrate-Hochglanz-Fitnesstudios, dafür mehr Baustellen.

Euer Körper ist vielleicht vom Leben gezeichnet. Aber der eines Bauarbeiters, der ist gezimmert. Jeden Morgen, wenn ich die Baustelle vor meinem Haus sehe und die Männer schwitzend arbeiten, stelle ich mir vor, einer von ihnen zu sein, und manchmal, da träume ich auch von ihnen. Aber dann trau ich mich doch nicht, sie anzusprechen, um ihnen zu sagen, wie großartig sie sind, davor hab ich zu viel Angst.

Hätten wir keine Bauarbeiter, hätten wir keine Häuser und Straßen und Verkehrsinseln. Nichts hätten wir ohne sie, und die ganzen bescheuerten Studenten könnten auch keine Schilder mehr klauen, die sie dann auf total witzigen WG-Partys rumzeigen, ganz im Sinne von *Hey, guck mal, ich hab ein Schild geklaut, da steht Betreten verboten drauf! Hihihihi.*

Bauarbeiter sind attraktiv, weil sie produktiv sind. Ich würde lieber mit einem Bauarbeiter in der Badewanne liegen als mit einer Jurastudentin. Der kann doch vielmehr vom Leben erzählen. Und hat im Zweifelsfall auch größere Brüste.

Bauarbeiter verstehen sich einfach. Ich verstehe sie zwar überhaupt nicht, weil die Menschen in Franken so reden, als hätten sie ständig eine Mettwurst in der Fresse, aber allein ihre Aura sagt schon alles über sie und das Leben aus. Abgesehen davon. Jesus war ja auch Zimmermann. Was kann Gott also anderes sein, außer Bauarbeiter?

„Und Sie? Warum haben Sie dieses Seminar gewählt?", reißt mich der Dozent aus meinem Tagtraum.

Ich blicke ihm tief in die Augen und sage: „Na, weil mich Wissenssoziologie immer schon interessiert hat."

IMMERHIN HAT ER WAS MIT DER HAND GEMACHT

Die Musterung: Fremde Menschen fassen mich an und ich muss dabei husten. Ungewohnt, aber nicht unangenehm. Ich erzähle dem Arzt, dass auch ich gerne Menschen anfasse. Am liebsten intim. Ich sei jetzt nicht schwul oder so, nur eben neugierig. Und ich mag Uniformen. Und Ärzte. Und Kittel. Und Waffen. Waffen. Ich will in den Krieg. Für mein Vaterland, für Deutschland! Für Bundeswehrärzte, die mir an den Sack packen! Der Arzt durchschaut die Psycho-Nummer und hält mich für tauglich.
Mist.
So wurde ich schließlich Zivildienstleistender in einem Kinderheim und kutschierte neun Monate lang Kevins und Justins, Dustins und Muffins durch die Gegend. Die Kevins zur Garten-, die Dustins zur Burg- und die Justins zur Derletalschule. Die Muffins nirgends hin. Die aß ich einfach auf.
Der Job war eigentlich voll in Ordnung. Wir fuhren im Regelfall zu zweit, einer musste fahren und der andere versuchte, die Kinder festzuhalten, die das Prinzip des Anschnallens und ruhig Sitzenbleibens während der Fahrt zwar verstanden hatten, aber keine Anstalten machten, das Gelernte anzuwenden.
Manchmal kamen wir uns vor wie Feuerwehrmänner, die Verletzte aus einem brennenden Haus retteten. „Endlich seid ihr da, Zivis, Schule war derbst mies!", wurden wir überschwänglich von den Kindern begrüßt und umarmt, die in unseren blauen Mercedes Vito flüchteten.
Manchmal kamen wir uns aber auch vor wie SEK-Beamte, die sehr sehr kleine Terroristen festnahmen. „Zivis fickt euch, ihr muttergefickten Fickficker! Lasst uns los, ihr Missgeburten", begrüßten uns die Kinder an diesen Tagen.

Mit den Monaten stieg mein pädagogischer Ehrgeiz und ich versuchte, den Kindern auch etwas von mir mitzugeben, da meine Zeit mit ihnen ja auf neun Monate beschränkt war. Neun Monate. Der Zivildienst war somit etwas wie meine eigene Schwangerschaft und die ist ja immer etwas Besonderes.

Als ich Justin eines Abends zur Belohnung, weil er so ruhig gewesen war, Goethes Faust vorlas, stieß ich sehr schnell an meine pädagogischen Grenzen und er mir mit seiner Faust voll ins Gesicht.

„Naja, immerhin hat er was mit der Hand gemacht", sagte die Erzieherin aus Haus Sieben stirnrunzelnd, die gerufen worden war, um den Konflikt zu lösen. Ich könne doch stolz darauf sein, dass er auf mich eingegangen sei und auf meine Aktion direkt reagiert hätte.

Pädagogen sind alle gleich: weich und schwul, so was gibt es bei der Bundeswehr nicht. Da sind alle hart und hetero. Wobei hart und hetero jetzt auch irgendwie schwul klingt. Nach einer Boyband, wo der Sänger Jay heißt. Wobei ..., bei Boybands gibt es nur Sänger. Und alle heißen irgendwie Jay. Oder Jay Khan.

Als ich eines Morgens Haus Sieben betrat, hörte ich lautes Geschrei. Justin hatte Kekse aus Dustins Zimmer geklaut und sie gegessen, aber nicht ohne vorher Krümel auf Jennifers Bett zu verteilen, um daraufhin lautstark zu verkünden, dass sie die Kekse geklaut habe. Seine Argumentation war lautstark, aber inhaltsleer.

„Jennifer war es! Da sind Krümel auf ihrem Bett. Ich habe sie heute Morgen gesehen, wie sie sie geklaut hat."

„Justin", sage ich, „Justin. Jennifer ist in der Schule. DU nicht. DU hast Schulverbot. Die Krümelspuren führen aus Dustins Zimmer, wo die Kekse gelagert waren, in Jennifers Zimmer aber gehen dann weiter in dein Zimmer. Das ist wie bei Hänsel und Gretel. Nur umgekehrt."

Justin war schockiert von meiner Analyse und wollte von nun an Detektiv werden. Ich klaute Muffins aus seinem Zimmer und beschuldigte dann Jennifer. Er kam nie darauf, wer der Dieb war. Aber irgendwie mochte ich sie alle doch sehr. Und mit den Monaten merkte ich, wie privilegiert mein eigenes Leben eigentlich immer gewesen ist.

Als ich ein Kind war, war meine größte Sorge, zu Weihnachten nicht das Spielzeug zu bekommen, das ich mir gewünscht hatte. Die Sorge der Heimkinder war, zu Weihnachten nicht die Eltern zu bekommen, die sie sich gewünscht hatten. Und die bekamen sie nie. Meistens war es eher Ritalin.

Meine Eltern fuhren mich nachmittags zum Schwimmtraining und holten mich wieder ab, wohingegen die Kinder aus dem Heim zum Anti-Aggressions-Training oder zur Psychologin geschickt wurden, um von ihren Alpträumen zu erzählen. Ich erzählte meinem Schwimmtrainer von meinen Weihnachtsgeschenken und die Heimkinder den Psychologen von den Träumen und Schatten der Nacht. Die Kinder dort hatten nichts, ich hatte als Kind alles.

Der Zivildienst war krass – nie habe ich mehr über das Leben gelernt. Wenn man vier Jahre lang in der Grundschule und neun Jahre lang im Gymnasium mit Kindern von Beamten, Lehrern, Zahnärzten oder gutbezahlten Angestellten spielt und dreizehn Jahre lang in einer intakten Familie lebt, dessen größte Sorge die Auswahl des abendlichen Fernsehprogramms ist, läuft man Gefahr, mit einem Tunnelblick durch sein Leben zu laufen.

Als wir ein Jahr nach dem Zivildienst Zivi-Treffen hatten und wir die ganzen alten Geschichten mit den Kindern wieder aufleben ließen, da fragten wir uns später am Abend nach einigen Bieren, ob die Kids eigentlich auch mal über uns reden. Über uns Zivis. Was wir so gemacht haben. Wie wir insgesamt drei Autos und eine Toreinfahrt kaputtgemacht, unzählige Male einzelne Kinder in den Schulen vergessen haben und nachmittags regelmäßig im Fernsehraum eingeschlafen sind. Und dann fiel uns auf, dass sie diese, ihre lustigen Geschichten kaum jemandem erzählen könnten, der sie nicht schon kennt. Weil sie, bis sie achtzehn Jahre alt sind, sowieso im Heim bleiben werden. Nach einer dieser unangenehmen Pausen, die sich nach solchen Erkenntnissen gern im Raum breitmachen, tranken wir alle unser Bier aus, verabschiedeten uns voneinander und gingen in unsere mittlerweile eigenen Wohnungen.

Irgendwann im Laufe der nächsten Monate hörte ich, als ich mit meinen Eltern Nachrichten sah, dass es den Zivildienst nun nicht mehr geben werde.

„Pech gehabt", sagte mein Vater und sah mich an: „Wärst du ein Jahr später mit der Schule fertig gewesen, wärst du drum rum gekommen."

Ich lächelte und sah ihn an. „Kein Pech", erwiderte ich, „Glück gehabt."

REST IN PAPERS

Nie wieder. Nie wieder werde ich mich auf dich, auf deine ganze Perfektion und deine makellose Schönheit einlassen. Wir beide. Wir haben es so lange miteinander ausgehalten. Aber jetzt nehme ich die rosarote Brille ab, spule das Kassettendeck mit dem Soundtrack unseres Lebens zurück und sehe mir das buntbedruckte Bilderbuch unserer Beziehung noch einmal von vorne an. Und jetzt. Jetzt wird mir klar, was für eine Zeitverschwendung das mit dir war.

Immer schon. Ich habe dir die große weite Welt gezeigt. Dir Farben gegeben, die du aber direkt intravenös gespritzt hast und von denen du nie genug kriegen konntest. Ich habe dir die größten Liebesschwüre aufs Papier geschrieben, doch immer dann, wenn ich mich an „Ich liebe dich"-Blättern blutig schnitt, dann hast du nur stumm geschwiegen. Tintenpatronen waren bei dir doch immer schon direkt „halbleer" statt „halbvoll". Es war immer ein: „Hier bitte nachfüllen", anstatt „hier bitte nachfühlen". Und jetzt fühle ich nach, wie es mich zerreißt. Ich habe dich so oft angemacht, in einsamen Nächten. In denen du bedächtig prächtig surrtest.

Diese Sache mit dem Scannen, ja das fandest du witzig. Und auch wenn wir dieses Bild von meiner eingescannten sabbernden rechten Gesichtshälfte nie zu „Galileo Big Pictures" geschickt haben, so hatten wir doch immer Spaß an solch lustigen Spielen.

Aber: Nie wieder werde ich noch einmal den Fehler machen und dich an mich ranlassen! Du billiges Produkt! Du Schlampe! Epson Stylus DX5050, was ist das überhaupt für ein Name?

Ständig hast du mich angeblinkt, du wolltest wohl die Welt sehen, mehr als nur mein Zimmer und meine Wohnung, hast heimlich die größten Aquarelle ausgedruckt und so die beschissen teuren Tintenpatronen ausgenutzt.

Ich verrat dir was: Ich hab dich nie betrogen! Aber seit du weg bist ... hab ich das schnellste WLAN. Und das, das krieg ich von der *Alice*!

Aber einen letzten Wunsch erfülle ich dir. Ich kauf mir bald einen neuen Drucker. Aber vorher schick ich dich nach Russland. Und da endest du dann. Genauso wie mein Opa.

ZIVIS SIND BASTARDE

„Zivis bhindert" steht mit Filzstift geschrieben über dem Klingelschild. Ich klingele trotzdem.

„Ey Herr Zivi, Sie sind voll der Bastard", sagt ein circa zehnjähriges Mädchen und zieht sich im Flur ihre Schuhe an.

„Guten Morgen Nils", sagt die gutgelaunte pädagogische Fachkraft und gibt mir die Hand, während ich noch in der Türschwelle stehe.

„Hallo", sage ich bemüht höflich. „Du bist Katja oder? Ich bin der Neue, wir hatten telefoniert."

„Genau", sagt sie und strahlt, als hätte ich ihr gerade einen Urlaub geschenkt. „Du fährst ab heute die Jennifer immer zur Schule und holst sie nachmittags ab."

Ich habe ihr soeben einen Urlaub geschenkt.

„Toll", sage ich nüchtern.

„Zivis sind Bastarde", sagt das Mädchen.

Katja grinst immer noch. Es ist schon verrückt, wie sie nicht einmal versucht, ihre Freude darüber zu verbergen, dass das plärrende Kind hinter ihr bald nicht mehr ihres, sondern mein Problem sein wird. Am liebsten würde ich mit den Augen rollen und laut ausrufen: „Boa, hab ich keinen Bock!"

„Boa, hab ich keinen Bock", murmle ich leise vor mich hin, um wenigstens meine eigene Vorstellung von Rebellion zufriedenzustellen.

„Also hier sind der Autoschlüssel und die Papiere." Katja gibt mir einen Umschlag. „Ich wünsche euch zwei einen tollen Tag!"

Sie grinst immer noch wie ein geistig zurückgebliebenes Honigkuchenpferd und ich bekomme Lust auf Honigkuchenpferde-Lasagne.

„Ach, und Jennifer", sie wendet sich dem Mädchen zu, was zwar aufgehört hat, mich zu beleidigen, mich nun aber boshaft anstarrt, „das hier ist der Nils, der ist der neue Zivi hier, bitte sei nett zu ihm, ja?"

„Klar", sagt Jennifer und grinst mich dabei fies an.

Sechs Stunden später.

„Der Zivi hat mich angefasst", brüllt Jennifer und rennt kreischend in das Mädchenhaus.

„Sie hat sich nicht anschnallen wollen", sage ich zu der verdutzt dreinblickenden Katja, „da hab ich sie halt angeschnallt."

„Hast du sie angefasst?", fragt Katja und sieht mich mit todernster Miene an.

„Nein, nein, warum sollte ich."

„Warum hat sie sich nicht angeschnallt?"

„Keine Ahnung." Langsam werde ich nervös. „Auf der Hinfahrt war alles okay. Sie hat mich ein bisschen beleidigt und ich hab ihr dann irgendwann gesagt, wenn sie so weiter macht, kann sie auf dem Dach zurückfahren und ..."

„Du hast ihr also gedroht?"

Ich schlucke. Der Verlauf des Gesprächs gefällt mir nicht.

„Nein, nein", sage ich, „nicht richtig ... ich hab halt das gesagt, was man Kindern so sagt ..."

„Du hast ihr also gedroht, sie umzubringen?" Katja sieht wütend aus.

„Hä?", frage ich verwirrt.

„Hätte sie das überlebt?"

„Was?"

„Hätte sie das überlebt, wenn du sie, ohne sie festzubinden, auf das Dach gesetzt hättest?"

„Keine Ahnung ich bin ja kein Arzt", antworte ich ehrlich, „und außerdem hab ich das ja nicht gemacht und ..."

„So? Das hast du also nicht gemacht, ja? Aber angefasst? Ist das jetzt besser oder was?"

„Ich hab nur ihren Gurt angefasst, weil sie sich auf der Rück-fahrt geweigert hat, weil irgendwie war voll Stress in der Schule und da hab ich ...“

„Da hast du dir gedacht, ich fasse dem kleinen Mädchen mal zwischen die Beine, um sie anzuschnallen, bist du total krank oder was?“

Verdutzt schaue ich Katja an, die das eben Gesagte anschei-nend wirklich ernst meint.

„Nein, nein ...“ Langsam werde ich panisch. „Ich wollte doch nur, dass sie mitfährt und Ruhe herrscht. Ich hab ja versucht mit ihr zu reden, aber sie hat mir nur ständig gesagt, dass ich ein Zivi-Bastard wäre und da dachte ich, reden hilft nicht mehr und ich sollte sie wohl besser anschnallen.“

„Nils, oder?“

„Ja“, sage ich verwundert. „Wir haben uns doch erst heute Mor-gen vorgestellt.“

„Ich behalte dich im Auge, mein Freund“, sagt Katja und fun-kelt mich böse an.

„Äh ja, cool“, erwidere ich. „Also dann, wir sehen uns morgen oder so ...“ Kopfschüttelnd drehe ich mich um und gehe nach Hause. Toller erster Eindruck beim Mädchenhaus.

Als ich am nächsten Tag erneut vor dem Mädchenhaus stehe, lese ich einen neuen Schriftzug über dem Klingelschild. Neben *Zivis bhindert* steht jetzt *Katja Hsslich*.

Ich lächle kurz in mich hinein, dann stecke ich den Filzstift wieder in meine Manteltasche und drücke gutgelaunt die Klingel. Könnte doch noch eine ganz lustige Zeit werden. Man muss sich eben nur selbst um den Spaß kümmern.

ZU VIELE MIESE VIBES

„Alter, ist der behindert oder was, was geht denn mit dem, Jungejunge ich glaub, bei dem hackt's wohl! Der ... der fährt wohl auch mit 'nem Fahrradhelm auf'm Kopf Auto, ne? Und trägt einen Motorradhelm, wenn er einkaufen geht? So einer ist das, Arschloch. Junge, ey, du bist so kaputt, ich schwöre, wenn du jetzt gleich noch einmal vor dieser Ampel abbremst, dann ...! Alter, hast du das gesehen? Jetzt hat der schon wieder abgebremst und das, obwohl die verfickte Ampel Orange war, Oraaange, ist der farbenblind, Oraaange, das ist nicht Rot, da kann man drüberfahren, wenn man beschleunigt und ...“

Das Problem bei Mitfahrgelegenheiten ist: Man muss sich anpassen. Klar hätte ich auch sagen können: „Lieber Durchschnittsmensch, den ich nur durch einen Zufall im Internet kennengelernt habe: Chill mal. Wir sind noch keine fünf Kilometer gefahren, es ist Freitag, die Sonne scheint. Okay, der Typ fährt langsam. Vielleicht ist er aber auch alt. Und blind. Und hat keine Beine mehr. Weil er sich die, als er blind Holz gehackt hat, selbst abgehackt hat. Man weiß es nicht. Vielleicht ist er auch einfach langsam, weil es ihm Spaß macht, Innenstädte zu verstopfen, vielleicht ist er ein junger, grüner Aktivist und das ist so eine richtig pfiffige Social Media Kampagne mit dem Titel: Ich-verstopfe-Innenstädte-gegen-den-Klimawandel.worpress.com. Wer weiß das schon? So oder so. Du wirst ihn nie wiedersehen, und selbst wenn du ihn wiedersehen solltest und eben jenen greisen, blinden Hobbyholzhacker, beziehungsweise den grünen Aktivisten mit dem Blog wieder begegnen würdest, dann würdest doch du eh nur sagen: ‚Hi. Sie fahren verdammt langsam Auto. Und Sie sollten bei Orange nicht bremsen. Aber das ist mir jetzt egal. Mein Leben geht weiter. Und ich bin mit sechzig Sekunden Verspätung sehr gut in München angekommen. Toller Blog übrigens. Also chill mal, Brudi ...!"

Hätte ich sagen können. Allerdings haben wir fünfhundertundsechzig Kilometer vor uns, und wenn Menschen diesen Charakterzug haben, ständig über alles, worüber man nicht diskutieren muss, zu diskutieren, dann tun sie das in der Regel auch.

Also sage ich: „Boah, was geht ab mit dem, das ist Orange, Oraaange, das ist nicht Rot, ey, *[Insert name here for zufälligen Unbekannten aus dem Internet, der seine Fahrt am günstigsten angeboten hat]* hast du so was schon mal gesehen, echt krass, also das ist mir nur einmal passiert, und zwar, als ich damals ..."

Blablabla. Und dann reden wir sechs Stunden lang durch, zuerst wie beschissen alle Auto fahren, dann wie teuer Autos geworden sind, dann wie teuer Benzin geworden ist, dann wie blöd die Politik ist „ ... und ja, die Ukraine und Israel und Atomwaffen und das Kulturangebot in Bonn ist ja auch eher so mittel, übrigens die IS hat wieder einen Ami erstochen, voll blöd, aber hey, hast du Fußball gesehen?! Ja Dortmund ist ja auch ganz schlecht in die Saison gestartet, fand ich echt, oh, du bist München-Fan? Ja, ich auch. Hab ich gerade verwechselt."

Und in München schließt sich der Kreis dann wieder und wir beschweren uns wieder, wie schlecht alle Auto fahren.

„Das war echt 'ne coole Fahrt, Mann ...", sage ich, steige aus und denke mir, als meine Mitfahrgelegenheit davonfährt: Fuck. Zu viele miese Vibes auf der Straße.

Letztens war ich mal im Europapark. Die Menschen dort zahlen fünfzig Euro Eintritt für vierundzwanzig Stunden glücklich sein und sind dann doch nur genervt. Was soll das? Wir könnten auch ohne Themen-Achterbahnen und lustige Kuschelmäuse, mit denen wir Fotos machen, damit jeder sieht: *Hey, das Maskottchen gibt's nur im Europapark, ergo der Typ war im Europapark, krasser Typ*, glücklich sein. Indem wir einfach mal netter sind und uns nicht ständig über alles beschweren. Hinter mir in der Schlange von dieser Achterbahn stand ein Pärchen an, das sich darüber beschwert hat, dass die Warteschlange so lang ist. Und jetzt? Was soll die Schlange in der Situation machen? Weggehen? Tanzen? Sich häuten?

Langsam komme ich mir vor, wie der letzte normale Mensch auf der Welt, weil ich keinen Bock habe, ständig andere zu beleidigen und rumzunörgeln, wie schlimm mein Leben ist. Genervt von der eigenen Existenz, laufen sie alle durch die Straßen ihrer Häuser und reagieren auf jede noch so kleinste Abweichung so, als würde das ganze Leben davon abhängen.

„Was! Es ist zwei Minuten nach acht Uhr morgens. Und der Supermarkt hat immer noch nicht aufgemacht? Ich werde verhungern müssen!"

Chill mal, Brudi. Das Leben ist kein Wettbewerb. Wäre das Leben ein Marathon, dann wären wir mit Startnummern geboren worden.

Niemand muss vor einem Apple Store campen, um sich als Erster ein neues iPhone zu kaufen. Warte halt zwei Wochen ab, wie ein normaler Mensch. Oder hol dir halt 'n normales Handy, was auch runter fallen kann und sich biegen lässt. Du musst nicht immer der Schnellste sein, denn du stirbst sowieso. Und kein Mensch wird nach deinem Tod sagen: „Boah, Alter. Ey, der Typ. Das war so cool, dass der damals auf der Fahrt von Bonn nach München diesen holzhackenden, blinden Opa ohne Beine, beziehungsweise den grünen Aktivisten mit dem Blog einfach so mitten im Stadtverkehr überholt hat. Ey, so cool. Damit hat der damals sechzig Sekunden gespart. Sechzig Sekunden. Da konnte der abends seine 5-Minuten- Terrine in vier Minuten machen. Wooow. Was für ein Kerl."

Das wird niemand sagen. Aber es wird jemand sagen: „Der war so gestresst. Das war klar, dass der frühzeitig den Löffel abgibt", oder vielleicht sogar: „Schade drum. War 'n netter Typ."

Irgendwann kam dieses Yolo-Ding. Woraufhin anscheinend einer ganzen Jugendkultur klargeworden ist, dass sie sterben werden. Und dass sie jetzt alle unbedingt Farbfestivals feiern müssen, bevor es zu spät ist. Und ich toleriere das. Aber chillt mal, Brudis. Seit doch einfach mal 'n bisschen entspannter in eurem Yolo-Ding. Einfach mal an der Ampel die Scheibe runterkurbeln und dem Fahrer von nebenan sagen: „Hey Sie. Sie fahren verdammt gut Auto. Also schon durchschnittlich, aber halt besser. Überdurchschnittlich. Sicher, manche fahren bestimmt noch besser, aber Ihr Fahrstil, der gefällt mir. Das wollt' ich Ihnen nur mal gesagt haben! Sie sind was Besonderes. Schönen Tag noch."

Das ist mein Yolo. Yolo-Adan.

You only live once – Aber dann auch nett.

Warum sich über so etwas Abstraktes wie eine Warteschlange oder einen Stau aufregen, wenn darin konkrete Menschen stehen, die in derselben Situation sind wie du.

Deshalb chill mal, Brudi, dann gibt's auch weniger miese Vibes auf der Straße und wir können alle unser Yolo-Ding durchziehen, also hey, einfach mal ein bisschen netter sein.

Die Warteschlange wird nicht weggehen, jedenfalls nicht sofort. Und der Stau, der wird auch bleiben, jedenfalls eine Zeitlang.

Und ganz ehrlich: Wenn es sein muss, kannst du dir deine 5-Minuten-Terrine auch so in vier Minuten machen. Denn die schmeckt sowieso beschissen.

HOPFEN, PORNOS UND KÜHE AUF TANZFLÄCHEN

Yeah. Mit unserem Audi A7 Quattro brettern wir mit hundertachtzig Richtung Süden, nicht in die Sonne, sondern in den Schnee.

Die übergroßen Diamanten auf meiner Breitling-Uhr blenden mich selber ein bisschen. Ich drehe mich nach hinten und sehe Fabian, der sich gerade eine Line Koks auf den Brüsten unserer, auf Lebenszeit gemieteten Nutte reinzieht. Die Nutte heißt Angelika, David und ich haben sie nach Fabians Mutter benannt, weil wir das einfach lustig fanden. Der anderen Nutte haben wir einen Nutten-Namen gegeben, sie heißt Sandy und ist Davids Mutter. Sie tanzt lasziv an ihrer Stange im Auto, was bei hundertachtzig auf der A5 nicht nur eine unfassbare körperliche Leistung darstellt, sondern leider auch komplett gelogen ist.

Wir fahren mit meinem altersschwachen Nissan Micra bei straighten achtzig Stundenkilometern.

Es läuft Xavier Naidoo und uns allen wird klar: Dieser Weg. Wird kein leichter sein.

Trotzdem ist die Stimmung super. Wir fahren schließlich zum Skifahren an einen Ort, der Hopfen am See heißt, das klingt ja schon nach Bier und Spaß.

Dann stirbt der Motor.

Und uns allen wird klar: Dieser Weg. Er wird steinig und schwer.

Nach zwei Stunden Gewaltmarsch sind wir in Hopfen, der See ist allerdings zugefroren und wir sehen nirgendwo Bier. Schließlich beziehen wir unsere Wohnung, die Davids Opa gehört, der eigentlich nicht hier sein sollte. Ist er aber. Als wir ins Wohnzimmer kommen, sitzt er da und schaut ...

„Opa", sagt David.

„Wer sind Sie?", fragt Opa.

„Wow, Sie gucken Star-Trek-Pornos!", sage ich.

Opa wohnt die nächsten Tage mit uns zusammen. Wir sind eine tolle WG. Er hat das Bett für sich und wir legen unsere Schlafsäcke daneben. Ein Kaminfeuer prasselt neben uns, fast schon romantisch. Alle liegen in ihren Schlafsäcken und Opa liegt oben, als wären wir alle seine Enkel und er würde uns noch eine Gutenachtgeschichte erzählen, bevor wir in einen sanften, warmen Schlaf entgleiten.

Opa hat uns nie eine Gutenachtgeschichte erzählt.

Mein Gesicht ist nass, als ich am nächsten Morgen aufwache. Opa ist Bettnässer und sein kleiner Opa hing heute ausversehen mal in meine Richtung raus. Nichtsdestotrotz verschwenden wir keine Zeit, packen uns Opas Wagen und düsen Richtung Piste zum Skifahren. Da wir letztes Jahr beim Anfängerkurs die Besten unseres Jahres waren und ich beim anschließenden Haribo-Kika-Kinderrennen einen sehr guten vierten Platz im Vierhundert-Meter-Pflug-Abfahrtsrennen gemacht habe, sause ich voller Tatendrang die Piste runter. Aber irgendwas scheint mit meinem Skiern nicht zu stimmen, die Kontrolle schlägt komplett fehl. Das versuche ich auch dem kleinen Mädchen zu erklären, das ich umgefahren habe. Als sie mir nicht glaubt, brülle ich sie an, sie solle doch selber aufpassen, es gilt laut Evolution nun mal das Gesetz des Stärkeren, und da ich stärker bin, bin ich Gesetz.

Am Ende des Tages fällt die Bilanz eher mau aus. Meine Kamera ist kaputt gegangen, als ich mich selbst beim Fahren gefilmt habe, Fabian hat sich beim Sprung über eine Schanze seinen Stock ins Gesicht geschlagen, nur David ist immer tadellos unten angekommen. Er hat den Lift nie verlassen.

Zurück in der Wohnung ertappen wir Opa. Er schaut sich den Zeichentrickfilm *Schneewittchen* an, doch bei näherem Betrachten fällt auf, dass die sieben Zwerge zwar gastfreundlich, aber nackt sind.

„Opa", sagt David.

„Wer sind Sie?", fragt Opa.

„Wow, Sie schauen *Schneewittchen*-Pornos!", sage ich.

Am nächsten Tag haben wir alle keine Lust mehr auf Skifahren. David hat sich unterkühlt und ist erkältet. Die Liftfahrt ist ihm nicht gut bekommen. Wir beschließen, einen Ruhetag einzulegen. Am Abend machen wir uns für eine Party schick. Im *Hirsch Inn* in Pfronten zahlen wir acht Euro Eintritt und werden wie Außerirdische behandelt. Wahrscheinlich, weil wir nur Freunde und keine Geschwister sind. Niemand hier versteht Hochdeutsch, also beschrifte ich Karten, um meine Bedürfnisse anzuzeigen. Aber die Eingeborenen sehen mich nur ungläubig an, sie scheinen auch unsere Schriftzeichen nicht zu kennen. Ich male also dem Barkeeper ein Bild mit einem Bier. Aber der versteht auch keine Bilder. Dann werden wir rausgeworfen, weil Fabian eine Eingeborene mit einer Kuh verwechselt und erfolglos versucht hat, sie auf der Tanzfläche umzuwerfen. Zurück in der Wohnung ertappen wir Opa. Er schaut sich gerade einen Film an, in dem ...

„Opa", sagt David.

„David", sagt Opa.

„Wow, Sie haben ihn wieder erkannt. Stark!", sage ich. „Und Sie schauen Harry Potter! Abgefahren!"

Die nächsten zwei Tage fahren wir tatsächlich noch einmal Ski. Opa kommt mit und erweist sich als guter Lehrer. Ab und zu verlieren wir ihn, doch das ist nicht schlimm, da wir ihn vor jeder Abfahrt dazu zwingen, zwei Liter Wasser zu trinken und, da er immer noch inkontinent ist, orientieren wir uns einfach an der gelben Spur im Schnee.

Mit Opas Auto reisen wir dann schließlich ab, mit hundertachtzig brettern wir nach Hause. Am Seitenstreifen gebären Schwangere Kinder, nur weil sie unseren Fahrtwind riechen und wir gewinnen an einer Tankstelle fünf Millionen mit einem Rubbel-Los, was nicht nur unglaublich unwahrscheinlich, sondern auch komplett gelogen ist. Opa hat uns geschrieben. Wir sollen ihn mal wieder besuchen. Es sei langweilig geworden. In Hopfen am See. Und das kann man ja verstehen.

NICHTRAUCHER

Ich habe versagt.

Ich habe versagt, wie wir alle versagen, wenn wir jeden Tag das Gleiche sagen.

Ein *Hallo, na, wie geht's so?!* ist doch nur ein Lückenfüller für ein Gespräch zwischen Menschen, die sich eh nicht füreinander interessieren.

Sie. Sie hat ein ganzes Leben hinter sich. Ihre Beine sind kaputt und ihr Körper ist ausgezehrt, trotzdem schiebt sie jeden Tag ihren Rollstuhl vor die Tür des Altersheims, auch wenn es Winter ist, auch wenn es kalt ist, gerade dann. Und wenn sie Passanten nach Zigaretten fragt und rauchen will, dann will sie nur rauchen, weil sie reden will, und reden, weil sie leben will.

Und weil die Menschen im Laufschritt weitergehen und über sie reden, weil sie schon seit Jahren zu dieser Bank an der Bushaltestelle geht und die Leute nach Zigaretten fragt, hat sie schon lange damit aufgehört, freundlich zu sein.

Nachdem ich ihr gesagt habe, dass ich Nichtraucher bin, ist sie nicht weiter drauf eingegangen, sondern hat angefangen zu erzählen. Ihr Sohn studiere Architektur in Berlin, jedenfalls hat er das mal, sie hört nicht mehr so viel von ihm und höre auch generell nicht mehr so viel. Sie fragt mich, wo ich denn herkäme und dreht sich hektisch um, weil sie Angst davor hat, dass der Bus, auf den ich warte, jeden Moment um die Ecke kommt, mich mitnimmt und unser Gespräch beendet.

Und ich, ich drehe mich hektisch um, weil ich Angst davor habe, dass der Bus, auf den ich warte, *nicht* jeden Moment um die Ecke kommt, mich *nicht* mitnimmt und unser Gespräch *nicht* beendet.

Sie hat auch mal in Bonn gewohnt, sagt sie, und in Thailand war sie auch mal. Sie sind viel gereist damals, sie hatte ein kleines Geschäft in der Innenstadt, sie hatten ja nicht viel, aber ihren Sohn und sie waren glücklich und jetzt …

Kommt der Bus. Ein Glück. Ich war nett zu ihr. Wie ich immer nett bin. Weil ich das so gelernt habe. Weil wir das alle so lernen. Weil es wichtig ist, Anstandsfragen zu stellen und Anstandsantworten zu geben. Denn sonst läuft man Gefahr, in diesem kleinen, unangenehmen Moment, in dem zwischen zwei Gesprächen kurz Stille herrscht, jemand näherzukommen, als man es beim Warten auf den Bus überhaupt möchte. Und während ich im Bus hinten sitze und aus der Scheibe sehen kann, wie sie mir mit ihren eingefallenen Augenlidern hinterherschaut, fällt mir auf, dass ich versagt habe. Ich habe versagt. Ich habe versagt, wie wir alle versagen, wenn wir jeden Tag das Gleiche sagen. Klar, man tut zu wenig. Man müsste sich mal wieder engagieren, man müsste mal wieder, man sollte doch eigentlich mehr und man könnte doch … und man könnte doch vor allem mal den Konjunktiv weglassen.

SCHEISS DRAUF.

Ich bin jetzt dreiundzwanzig Jahre alt und benehme mich im Alltag wie ein Vollidiot. Wenn ich besoffen auf WG-Partys abhänge und wir beide in der Küche reden, lehne ich mich lässig an die Wand, halte meine Beck's-Flasche entspannt mit zwei Fingern am Flaschenhals und lächle dich dann an. Und dann erzähle ich dir dumme Witze, von meinem Engagement beim Unifernsehen, und dass ich auch so schreibe. Ja, Poetry Slam ist ganz cool, ja, ich schreibe ganz lustige Texte, ja nö aufgeregt bin ich nie, das ist so eine Gewohnheitssache. Aber man braucht auf jeden Fall Talent und das hab ich ja.

Ich verstecke mich hinter Worten statt Taten. Ich bin ein Konstrukt, das ich mir selbst erschaffen habe, damit ich in dieser verfickt anstrengenden Zeit noch weiß, wer ich überhaupt bin. Aber nur weil ich auf Festivals meine Becher spende, bin ich noch lange kein besserer Mensch. Nur weil ich mal fünf Euro an den WWF überwiesen hab, weil das Mädchen in der Fußgängerzone große Brüste – und gute Argumente – hatte, bin ich noch lange kein Weltverbesserer. Im Gegenteil. Ich bin ein Weltverschlechterer.

Ich bin einer der Typen, der die Kopfhörer aufsetzt und vorbeigeht, wenn du mich nach Geld fragst. Keine Ahnung, ob ich es dir geben sollte, aber ich könnte dich doch wenigstens so behandeln, als wärst du ein Mensch. Und dich wenigstens fragen, wofür du es denn brauchst und warum du so stinkst, Alter. Und was die Spritze in deiner Hand zu bedeuten hat. Ich bin einer der Typen, dem du egal bist, solange du nicht interessant für mich bist, oder mir nicht dabei hilfst, das selbst erschaffene Bild von mir aufrechtzuerhalten.

„Und was bist du für ein Typ?", fragst du mich dann auf dieser WG-Party, und weil ich betrunken bin und das jetzt dieses Flirten ist, von dem ich schon so viel gehört habe, sage ich: „Ein ganz verrückter."

Unser Leben ist ein Club und der DJ spielt immer dieselbe Musik. Aber es gehen trotzdem alle hin, wegen der Stimmung! Scheiß drauf.

Wir haben unseren festen Freundeskreis und unsere festen Riten. Unsere festen Wohnungen und unsere festen Mieten. Und dann feiern wir zwar zusammen – und doch nur mit uns selbst. Und vor allem nur uns selbst.

Mein Bier auf der Party ist leer und ich frage dich, ob du auch noch eins willst. Und natürlich willst du eins, weil das jetzt dieses Flirten ist, von dem du schon so viel gehört hast. Und als ich am nächsten Morgen mit einem selbstverliebten Grinsen deine Wohnung verlasse und durch die Innenstadt gehe, hab ich meine Kopfhörer wieder aufgesetzt und feiere mich selbst, weil ich ein verrückter Typ bin. Dann schreiben wir bei WhatsApp, wie geil wir doch sind. Und zwei blaue Häkchen erinnern mich daran, dass meine Nachricht ja auch angekommen ist. Dabei sind wir so spannend wie ein Schokoladen-Adventskalender von Aldi. Was steckt wohl hinter Nummer einundzwanzig? Oh. Schokolade. Wer hätte das gedacht?!

Die Frau von der Bushaltestelle hatte noch lange dagesessen. Sie wollte doch nur rauchen, hatte sie dem Pfleger gesagt, der sie gefunden und schließlich zurück ins Heim geschoben hatte. Sie wollte doch nur rauchen. Aber eigentlich, eigentlich will sie nur rauchen, weil sie reden will, und reden, weil sie leben will.

Aber nicht mit mir.

Denn ich, ich verstecke mich hinter Worten statt Taten. Ich bin ein Konstrukt, das ich mir selbst erschaffen habe, damit ich weiß, wer ich bin. Ich lebe im Hier und Jetzt. Die nächste Party kommt bestimmt. Und in dieser verdammten Zeit der Postmoderne, in der alles so perfekt ist, muss man aufpassen, dass man nichts verpasst. Das ist anstrengend genug.

Und deshalb zieh ich belangloses Party-Gelaber einem Gespräch mit einer alten Frau, die rauchen will, weil sie reden, und reden, weil sie leben will, einfach vor.

Und abgesehen davon bin ich Nichtraucher.

Also, außer auf Partys.

SCHLECHTE EINFLÜSSE

„Woaaah", sagt Stefan und kommt panisch in mein Zimmer gelaufen. Er trägt nur Boxershorts und rüttelt an mir. Eine Alkoholfahne umweht ihn, als er anfängt zu reden.

„Alter, wir müssen sofort losfahren! Die Gabi hat mich schon siebenmal angerufen und ich hab drei Mailboxnachrichten und ich weiß gar nicht, was abgeht, ich glaub, wir haben gestern übertrieben und die Kinder müssen in die Schule gebracht werden und wir haben es voll verpennt ..."

„Woaaah", sage ich mehr irritiert als erschrocken, wische mir etwas Restsabber vom Mund und schaue hastig auf die Anzeige des Funkweckers, der von einem angebissenen Döner zwar verdeckt wird, mir aber trotzdem die unangenehme Wahrheit in Ziffern anzeigt. 9.15 Uhr.

Es ist der 1. März. Vor ungefähr zweihundertneunundvierzig Monaten hatten meine Eltern beschlossen, mich zu zeugen, weswegen ich gestern meinen zwanzigsten Geburtstag gefeiert hatte. Das Carpe ist jetzt nicht der geilste Schuppen der Welt, aber sie verkaufen montags Kölsch für einen Euro. Und weil wir Zivis sind und reich, hatten wir uns gestern betrunken und vor den armen Bonner Studenten mit unserem vielen, verdienten Geld angegeben, indem wir fünf Kölsch auf einmal bestellt hatten und dieses vor ihren gierigen Augen mit einer einfachen Handbewegung einfach wegschütteten. Einfach so, weil wir es konnten.

Und jetzt, also genauer gesagt schon seit zwei Stunden, hätten wir Dienst und müssten die Kinder schon in die Schule gebracht haben.

„Kannst du fahren?", frage ich Stefan, während ich mir hastig eine Hose anziehe und mir als Frühstücksersatz den Döner vom Vortag reinschiebe.

„Öhhh", sagt er und nickt dabei. Das sollte reichen. Fünf Minuten später sitzen wir im Auto. Während wir auf eine Tankstelle zufahren, um Kaugummis zu kaufen, hören wir die Mailbox ab.

7.50 Uhr. BIEP. „Hallo, Evangelische Jugendhilfe Godesheim, hier ist Gabi aus Haus Sieben. Du Stefan, ich erreiche euch alle nicht, also ihr seid ja noch nicht da und die Kinder werden schon etwas nervös ... also ... ihr steht wohl im Stau und seid bestimmt gleich da ... melde dich doch mal, wenn es etwas später wird, damit ich in der Schule anrufen kann, ja? Niklas fragt schon nach dir. Bis dann."

8.10 Uhr. BIEP. „Ja hallo Stefan. Hier ist die Gabi. Es ist immer noch keiner da. Die Schule hat vor zehn Minuten angefangen und die Kinder wollen alle unbedingt was lernen. Haha. Niklas wird schon nervös. Bitte melde dich."

8.55 Uhr. BIEP. „Stefan. Gabi hier. WO steckt ihr!? Niklas hat angefangen, ein Feuer in der Küche zu legen. Schaff mir die Kinder in die Schule!"

„Ach du scheiße", sage ich. Mein Handy habe ich gestern wohl verloren, jedenfalls finde ich es nicht mehr. Also schnappe ich mir Stefans Handy und wähle hastig die Durchwahl von Haus Sieben, um heute wenigstens noch irgendwas richtig zu machen.

„Ja hallo Gabi, hier ist der Nils, der Stefan hat bei mir geschlafen, wir haben noch ... DVDs geguckt und sind dann etwas eingenickt und haben den Wecker überhört. Wir sind sofort da und der Max, den haben wir auch schon erreicht, der ist auch gleich da!", lüge ich.

„Du riechst wie mein Papa", sagt Kerstin und schaut mich mit großen Knopfaugen an. Sie legt ihren Kindersitz auf den Beifahrersitz, steigt ins Auto und schnallt sich an.

„Das ist Hustensaft", rechtfertige ich mich, „ich bin erkältet."

„Mein Papa trinkt immer Bier, deswegen riecht er so. Du hast also auch Bier getrunken", schlussfolgert sie völlig richtig.

„Unsinn", murre ich und aus dem Augenwinkel heraus bemerke ich hektische Bewegungen. „Jessica, lass bitte Jenni los, Jenni, lass sofort Jessica los", sage ich automatisch.

„Ich mach doch gar nix", sagen Jessica und Jenni scheinbar gleichzeitig, bis mir auffällt, dass nur Jessica hinten sitzt.

„Äh ja", sage ich und versuche meinen noch etwas schwammigen Blick zu fokussieren. „Wo ist denn Jenni? Ach, ist auch egal, einer mehr oder weniger, ihr seid eh zu spät", sage ich und lege die Farid-Bang-CD in den Musikspieler ein. Die neunjährigen Mädchen klatschen Beifall.

Mit den Monaten hatten wir herausgefunden, dass die Stimmung im Bus maßgeblich von der richtigen Musikauswahl abhängt. Es galt nach längeren soziologischen Feldforschungen unsererseits die Faustregel: je asozialer, desto besser. Max hatte sich irgendwann mal die Mühe gemacht, eine Liste mit Interpreten zusammenzustellen und sie mit dem daraus resultierenden Kinderverhalten abzugleichen. Unsere Forschungsergebnisse, die wir sogar an die Zivildienstzeitschrift mit dem pfiffigen Namen ‚Zivildienst' schickten, waren sehr simpel.

Erstens: Straßenrap war Balsam für die Gemüter.

Zweitens: Bei Philipp Poisel mussten alle auf der Fahrt brechen. Die Kinder auch.

„Alles oder nichts, Bitches tanzen auf dem Tisch, ich bin Ghetto-Millionär, alle Flaschen gehen auf mich", ertönt es, als ich die Tür vom Vito öffne und Jessica und Kerstin vor der Schule rauslasse. Der Hausmeister, an dem die Mädchen Richtung Schuleingang vorbeigehen, sieht mich an, unterbricht das Laubfegen für einen kurzen Moment und schüttelt den Kopf. Dann kommt er auf mich zu.

„Auf der Tanzfläche hab ich was gesichtet und sie will ficken verraten ihre Blicke", sagt Farid Bang.

„Die Musik, die Sie da spielen", sagt der Hausmeister.

„Ja?", frage ich. „Was ist damit? Die Kinder mögen es."

„Das ist aber nicht gut für die Kinder", sagt er energisch, „schlechter Einfluss und so." Dann bittet er mich, die Musik auszumachen. Ich tue ihm den Gefallen.

„Und freut ihr euch schon aufs Wochenende?", frage ich Jessica und Kerstin, als ich sie am Nachmittag wieder abhole.

„Geht so", sagt Kerstin, „ich bin das Wochenende bei meinem Papa." Sie verstummt und schaut starr nach vorne. Dann mache ich Farid Bang an und sie grinst. Und während sie mit Jessica über Reichtum und Fame rappt, einfach so zum Spaß, frage ich mich, wie viel schlechter ein anderer Einfluss sein kann, als der von dem eigenen biertrinkenden Vater zu Hause.

„Alter", sage ich als ich den Wagen geparkt, die Kinder rausgelassen und mich mit Stefan in den Fernsehraum gesetzt habe. „Lass uns das nie wieder machen. Saufen und dann arbeiten gehen."

„Hast recht", sagt Stefan. „War 'ne blöde Idee, arbeiten zu gehen. Niklas hat übrigens wirklich ein Feuer gelegt. Wie war es bei dir?"

„Ganz okay", antworte ich. „Wir haben Farid Bang gehört und die Kinder hatten Spaß dabei. Und das ist es doch, was zählt."

NEULICH IN DER BAHN

„Also ja, ich weiß nicht, also ja das war total crazy, dann kam dieses Geräusch, das war so ein *trööt* und dann und alle so *yeah*, und dann haben alle ihre Farbbeutel hochgeworfen und dann kam die Musik und die Stimmung war total gut und alle waren so voller Farbe wegen den Farbbeuteln und das Gelb und das Blau, das hat sich dann zu Grün gemischt, total verrückt war das und dann hing das in den Haaren und im Gesicht und dann waren die ganzen weißen Klamotten voller bunter Farbe, total verrückt, und dann haben wir uns noch was zu trinken bestellt, also ich hatte ein Wodka-Energy und dann kam auch schon das nächste *trööt*, und dann haben alle wieder ihre Farbbeutel hochgeschmissen und dann sind alle wieder bunt geworden, das war total staubig und ich konnte auch gar nicht mehr richtig atmen und ich krieg jetzt auch Ausschlag am Arm, lauter rote Pusteln, aber das war die siebzehn Euro auch wirklich echt wert, schade, dass du nicht da warst, aber warte, ich schick dir noch schnell ein Foto!", sagt das bunte Mädchen in der Bahn vor mir, dessen Gehirn scheinbar direkt mit ihrer Zunge verknotet ist, hält ihr Handy vor sich und macht: ein Foto.

„Und, hastes bekommen? ... Ja voll gut, oder? ... Voll grün die Haare, das lag daran, weil die Farben sich gemischt haben, also das Blaue und das Gelbe hat sich gemischt und jetzt ist das Grün. Siehst du ja. Und die Musik, das glaubst du nicht, die war richtig gut. Der DJ so: *unz, unz, unz*. Und zwischendurch immer so*: tröt, tröt, tröt*. Und alle so: *werf, werf, werf*. Und alle so: *bunt, bunt, bunt*. Und alle so: *Spaß, Spaß, Spaß*. Echt schade, dass du nicht da warst", sagt das bunte Mädchen, verabschiedet sich lautstark von seiner Freundin, die wirklich einiges verpasst zu haben scheint, und legt dann auf. Ich drehe mich zum Fenster und schaue hinaus.

Wär ich jetzt mein Opa, würde ich sagen: So was hätte es ja

früher nicht gegeben. Aber obwohl ich noch nicht so alt und weise wie mein Opa bin und auch keinen Krieg erlebt habe, kann ich mich ja trotzdem aufregen. Warum sollten nur ältere Menschen das Privileg haben, von der guten alten Zeit zu schwärmen? Ich mein, damals. In den Neunzigern. Da gab es Scooter. Scooter, die mit ihren tiefgründigen Fragen die Jugend der Welt zum Nachdenken und zum Philosophieren angeregt haben. Und so tritt irgendwann der neugewählte deutsche Bundeskanzler von der AfD ans Rednerpult der Weltatlantikkonferenz und bereichert die Diskussion über die weltweite Überfischung dann mit folgender Frage: „How much is the fish in Deutsche Mark?"

Wie ein *Boom Boom Boomerang* ist Blümchen damals auf Inlineskatern am Strand rumgefahren und hat auf einem Synthesizer-Beat, den man heutzutage mit dem Magix Music Maker in der Demoversion besser herstellen kann, darüber gesungen, wie sie immer wieder bei irgendwem immer wieder ankommt, eben wie ein Bumerang – das war noch richtig Kunst. Und heute? Holi Farbfestival? Farben? Das ist ja auch mal so richtig kreativ. Ich könnte manchmal wirklich verzweifeln, vor allem wie viel Zeit ich bis jetzt vergeudet habe, diesen Blödsinn in meinem Kopf hin- und herzuwerfen und nur *sie* ist schuld daran.

Ich schaue herab auf das kleine bunte Mädchen. Kläre mich doch bitte vorher auf, wenn du hier mit mir Bahn fahren willst und mich passiv nervst, telepathierte ich ihr zu.

Vor beschallenden nervenden Menschen wird man eben nicht gewarnt, da gibt's kein Frühwarnsystem. Und wenn man sie dann als Holi-Farbfestival-Besucherinnen in Kölner U-Bahnen kommen sieht, dann ist es eh schon zu spät, genau wie bei Junggesellenabschieden oder bei Haien in Tornados. Da kann man dann allerhöchstens weglaufen, aber das sieht ja auch ganz schön blöd aus, vor bunten Mädchen oder Junggesellenabschieden wegzulaufen. Gut, vor Haien in Tornados wegzulaufen, sieht jetzt nicht blöd aus, aber wenn man schon mal Haie in Tornados sieht, dann will man sich das Ganze auch aus der Nähe angucken und muss ja nicht direkt weglaufen. Dementsprechend sind Haie in Tornados gar nicht so nervig wie Farbfestival-Besucher oder Junggesellenabschiede und fallen damit aus der Reihe.

Irgendwann im Mittelteil dieses Monologs ist das Mädchen dann auch ausgestiegen. Zwei Wochen später fahre ich mit der Bahn nach Hause. Es ist Rosenmontag, ich trage ein Hasenkostüm und halte in der linken Hand eine angebrochene Berentzen-Flasche. Meine Freunde sind schon mal ohne mich vorgefahren. Den Kopf auf die Knie gelegt, versuche ich dem Boden vor mir Kopfnüsse zu geben, weil der Hurensohn mich provoziert hat. Als ich aufblicke, sehe ich verschwommen, dass mir gegenüber ein Mädchen sitzt. Sie mustert mich kurz, rümpft die Nase und schaut dann lange aus dem Fenster.

Ich glaube, sie denkt an nichts.

TRAGISCHES TRAUERSTÜCK EINES SCHRECKLICH VERLIEBTEN MENSCHEN

Freundin Freundin Freundin Freundin Freundin Freundin Freundin Freundin Freundin. Ich habe eine Freundin.

Sie ist klug, schlau, sexy, hübsch, nicht zu groß, nicht zu klein, hat was zum Anfassen, aber ist jetzt nicht zu dick. Sportlich, aber nicht zu sehr, vital, fröhlich, lustig, ehrlich, bescheiden, trendy, hipp, immer gut drauf und total lieb. Man kann sie eigentlich gar nicht mit Adjektiven beschreiben.

Freundin!

Sie gibt mir alles, was ich brauche, weiß alles, was ich brauche. Ich weiß immer, was sie will und sie weiß immer, was ich will, denn wir können gegenseitig unsere Gedanken lesen, das ist 'n bisschen wie bei Zwillingen, aber wir sind jetzt nicht verwandt oder so, das wäre ja ekelhaft und gar nicht erlaubt. Aber wir haben wirklich eine ganz eigene Verbindung zueinander, so was hat sonst niemand auf der großen weiten Welt, das ist fast schon unheimlich. Manchmal, da sieht Freundin mich mit ihren smaragdgrünen Augen ganz verspielt von unten an. Der linke Mundwinkel leicht zu einem Lächeln hochgezogen und den Kopf zur Seite gelegt und dann sehe ich sie an und weiß ganz genau: Oh, sie muss schon wieder kacken.

Freundin!

Wir sind jetzt schon vier Monate, drei Wochen, vier Tage, zwei Stunden, fünfunddreißig Minuten und zweiundzwanzig, dreiundzwanzig Sekunden zusammen. Letztens war 1. Mai und da wo ich herkomme, da stellt man seiner Geliebten einen Maibaum vor die Tür, ich finde das doof, weil sie doch nicht nur am 1. Mai etwas Besonderes ist. Hab Freundin also jeden Tag einen Baum vor die Tür gestellt, mit selbst eingeritzten Herzen, jetzt wohnt sie in einem Wald. Aber das ist toll, sie mag die Natur genau wie ich, wir haben so viel gemeinsam, wir gehen manchmal zusammen in ihrem Wald spazieren und dann nehme ich ihre Hand und drücke sie ganz fest und dann küssen wir uns. Auf den Mund. Manchmal mit Zunge sogar, aber das mag sie nicht so gerne, weil das dann doch schon sehr intim ist, das hat sie mir zwar nie gesagt, aber ich weiß es trotzdem. Wir müssen gar nicht mehr miteinander reden, ich schaue dann auf sie runter und hab meinen Arm um sie gelegt und sie kuschelt sich an mich und sie schaut herauf zu mir und lächelt über beide Backen und ihre smaragdgrünen Augen strahlen hell und groß wie die Blicke von Schmetterlingen, die in ihrem Balzverhalten inmitten der allrötlich anmutenden Morgensonne nur durch einen Flügelschlag ganze Tsunamis auslösen und halb Japan zerstören, blabla romantischer Scheißdreck und dann weiß ich wieder, was sie von mir will.

Geld.

Aber das heißt jetzt nicht, dass wir nicht miteinander reden, wir reden total viel über Politik, Sport, Gesellschaft, über mich und über sie, über uns, über Leopold und Eugen-Jonathan, unsere beiden zukünftigen Kinder, über die Farbe des Parketthholzes unserer zukünftigen Dachterrasse, unseres zukünftigen Ferienhauses in Malmö in Schweden, über meine Hobbys, also über sie und über ihre Hobbys, also über mich!

Freu Freu Freu Freu Freu Freu Freu Freundin.

Wir streiten nie, wir diskutieren nur manchmal etwas lauter.

War letztens in einer Kneipe mit Freunden, ohne Freundin, die hatte ihren Freund zu Besuch, nicht mich, sondern ihren Ex-Freund, aber ich finde das klasse, weil es ist so schön, wenn alle gut befreundet sind und es zeigt auch, wie toll Freundin ist, so tolerant, klug, hübsch, nett, freundlich, sexy, nicht zu sportlich aber nicht zu dick, dass sie ihren Ex-Freund zu sich einlädt. Ich stand dann kurz draußen, um Freundin zu schreiben, hat etwas länger gedauert, weil ich den Herzchen-Smiley nicht gefunden habe, kein normaler Herzchen-Smiley, hab' selber ein Herzchen-Smiley programmiert, wo unsere Gesichter in der Herzchenmitte zu sehen sind und winken, wie bei Harry Potter diese Bilder. „Hearty Heart" heißt die App, findet sie voll süß.

Naja, auf jeden Fall stand ich vor dieser Kneipe und dann kam so 'ne Schlampe rüber. Rock bis zu den Knien und 'ne Strumpfhose mit Blumen drauf, dazu ein helles Oberteil, die war so billig, dass ich sogar den Umriss ihres BHs sehen konnte. Total billig, ich hab die gar nicht angeguckt, aber dann stupste die mich an, richtig angefasst hat die mich, ich konnte da gar nix machen und dann dreh ich mich um und schau die an und die war so hässlich und dürr und klapprig und bäh, gar nicht mein Fall, voll aufgesetzt und geschminkt war die auch noch im Gesicht und die hatte 'ne Zigarette im Mund, Lucky Strike, voll widerlich, Freundin raucht nur filterlose Selbstgedrehte.

Jedenfalls kam Schlampe auf mich zu und glotze mich blöd an und fragte dann: „Hi, hast du mal Feuer?"

Wie billig war das denn!

Ich zog also das Din A1 Plakat von Freundin aus meiner Hose, legte es auf den Boden, sprang drauf rum und schrie Schlampe an, während ich meinen Pulli auszog, mein selbstbedrucktes „I <3 Freundin"-T-Shirt präsentierte und parallel dazu meine mit Windows Movie Maker selbst erstellte Videoslideshow mit Bildern von Freundin und mir auf meinem Handy anmachte und unter dem leicht verzerrten Geräusch von Céline Dions Megahit „My heart will go on" sagte: „Nein!"

Sie hatte sich verzogen, aber ich war ganz schön fertig, ging zurück in die Kneipe und betrank mich. Freundin wusste garantiert, dass irgendetwas passiert war, ich hatte sie betrogen und fühlte mich schlecht und trank weiter. Sichtlich betrunken verließ ich die Kneipe und brach in den Kölner Zoo ein, um ihr einen kleinen süßen Babyelefanten mitzubringen.

„Freu Freu Freu Freu Freundiiin", rief ich etwas zittrig aus, als ich mich durch den Wald ihrem Haus näherte. Sie ahnte bestimmt, dass etwas passiert war, als ich mit Fanti an ihrer Haustür klingelte. Freundin öffnete verdutzt die Tür.

„Hey, ist gerade ein bisschen schlecht", sagte sie mit zerzaustem Haar und nur in einen Bademantel gehüllt. Im Hintergrund sah ich zwei Pizza-Kartons und eine Calvin-Klein-Unterhose am Boden liegen.

„Es tut mir leid", wimmerte ich und ließ Benjamin los, der ins Haus donnerte, „hier, ein süßer Babyelefant." Ich zeigte auf den Elefanten, der eifrig damit beschäftigt war, die mir unbekannte Calvin-Klein-Unterhose nach essbaren Bröckchen zu durchsuchen.

Sie lächelte nicht und sah mich von unten an. Ihre Lippen pressten aufeinander, ihre smaragdgrünen Augen blitzten wütend, wie die eines asiatischen Mitbürgers, dem man gerade seine SD-Speicherkarte geklaut hatte, und ohne dass sie etwas sagte, wusste ich erneut, was sie dachte: ‚Hey. Du Trottel. Mein Ex ist hier. Wir haben Pizza bestellt und vögeln gerade. Verzieh dich.'

Ich trat an Freundin heran und aß sie konsequenterweise auf. Dann starben wir. Alle.

SCHEISSSTADT

„Verdammter Jägermeister", murmelte Nik. Der raue Sitz an der Bushaltestelle war unbequem. Er hatte den Kopf nach vorne gebeugt und seine Augen unter den schweren Augenlidern fokussierten den langen Speichelfaden, der zwischen seinen Beinen hin- und herpendelte und sich immer weiter Richtung Boden zog. Spielerisch saugte er den Faden ein, nur um ihn dann im nächsten Moment wieder aus seinem Mund herausfallen zu lassen. Dann besann er sich, setzte sich aufrecht hin, wischte sich über den Mund und griff müde in seine Jackentasche. Durch das flauschige Innenfutter ertastete er die Zigarettenschachtel, die er gesucht hatte.

Es war kalt geworden. Er zog den Reißverschluss seiner Jacke weiter nach oben, warf den Kopf nach hinten und stieß seufzend weißen Rauch aus seinen Lungen. Sein Blick schweifte zwischen leeren Bussen und Asphaltabgründen Richtung Bahnhofsvorplatz. Vorbei an Kiosken, Nachtclubs und einzelnen noch offenen Imbissketten verlor sich sein Blick in der Ferne.

Frühmorgens wirkt alles doch irgendwie surreal, schwirrte es ihm durch den Kopf. Er, sowieso schon längst betäubt von zu viel Bier und Jägermeister, irgendwie deplatziert, kam sich vor wie ein Taubstummer in einem Kino.

Fast wäre er eingeschlafen, doch der Lärm der städtischen Reinigungsmaschinen, die an ihm vorbeifuhren, hinderte ihn daran.

Ihr wischt doch eh nur das Grobe vom Boden weg, dachte Nik. Ihr wischt es weg, damit Touristen, die am Morgen die Kirchen und am Mittag die Brunnen fotografieren, nicht sehen, was nachts hier passiert. Und wenn ihr mit dem Wischen fertig seid, dann war es das. Dann gibt es kein dickflüssiges Blut oder Erbrochenes mehr auf den Asphaltstraßen dieser Stadt. Kein Geräusch von aufschlagenden Fäusten der Großstadthelden dringt durch die verwinkelten Gassen. Und kein billiges Parfüm paart sich mehr mit dem Geruch von halb zerkauten Dönerresten.

Alles, was morgens von der Nacht dann übrigbleibt, das war höchstens jemand wie er. Irgendwo auf der Suche nach sich selbst vom Weg abgekommen und vom Stuhl gefallen. Abgestürzt. Jetzt gerade seine letzte Kippe rauchend, auf den Asphaltboden starrend und darüber nachdenkend, wer er ist, und wo er hinwill.

Fuck, das war echt die letzte Kippe, dachte Nik und seufzte, als sein Blick auf die noch ruhenden Fernverkehrszüge der Stadt fiel.

Das. Das ist er. Er schaute auf die Gleise in der Ferne. Der einzige Ausweg aus dieser Scheißstadt. Nik stand auf, drückte seine Kippe am Fahrkartenplan aus und stieg in den gerade angekommenen Bus, der ihn dann nur noch weiter in die Stadt hineinbrachte, die er doch so sehr verachtete.

Scheißstadt.

LAPPLAND

Die Erkenntnis traf mich in Form eines Wascheimers, in den ich eines Morgens trat: Lappen. Überall Lappen.

Wir sind eher so die, die den Bus absichtlich verpassen, denn dem Bus hinterherlaufen, das sieht einfach nicht gut aus. Und der nächste Bus kommt ja auch bestimmt so in zwanzig Minuten. Da kann man ruhig mal warten, ne?

Wir sind eher so die, die Online-Petitionen einreichen oder einen ZEIT-Artikel teilen, statt analog Sprechchöre anzustimmen. Das ist ja auch 'n bisschen peinlich, ne. Könnte ja sein, dass keiner mit ruft. Und dann stehst du da, mit hundert Leuten auf dieser Anti-Nazi-Demo und rufst: „Nazis raus, Nazis raus", und keiner ruft mit. Da kommt man sich fast schon selber wie 'n Nazi vor.

Wir sind Lappen. Windelweiche Lappen. Wir spenden gerne mal Geld an gemeinnützige Organisationen, wenn Monatsanfang ist, gleichzeitig haben wir aber Angst davor, uns mal fünf Minuten mit einem Obdachlosen zu unterhalten. Wer weiß, was der so erzählt, wie der so lebt, wie sein letzter Urlaub war.

Aber neeein. Der könnte ja auch drogenabhängig sein. „... und mit Drogen will ich absolut nichts zu tun haben", sagst du dann, kippst dir Wodka-Energy in die Kehle und tanzt auf Dorfpartys irgendwelche Minirock tragende Sechzehnjährige an. Toll. Anstatt eine Frau einfach so zu fragen, ob sie nicht mal Lust auf einen Kaffee hätte. Oder auf 'ne Currywurst oder auf ein Sahnetörtchen, was weiß ich denn, wie man heutzutage Frauen kennenlernt. Ich mein, was soll ich meinen Kindern später mal erzählen: „Ja also, deine Mutti, die hatte dieses voll geile Bikini-Profilbild. Und dann hab ich sie angeschrieben und meinte: ‚Ey, sweet Pic ;-) siehst echt voll geil drauf aus, hast du nich mal Bock auf ... Treffen?"

Lappen!

Und dann krieg ich im Bus Gespräche mit, die ungefähr so laufen: „Ja also, ich weiß nicht, ich hab jetzt seinen WhatsApp-Status gesehen und er war gerade noch online und meine Nachricht hat er jetzt schon vor zwei Stunden gelesen und er hat immer noch nicht drauf geantwortet. Er muss mich hassen."

Lappen!

Wir sind Lappen, weil wir lappenhaft rumliegen und uns hinter Bildschirmen verstecken.

Und wenn die Jungs Mädels ansprechen, klingt das so: „Ey, du hast voll schöne Augen. Ey, ich kann voll in deinen Charakter und in deine Seele gucken!", oder: „Ey, hallo ... na ... du bist mir schon die ganze Zeit aufgefallen ... du bist so eine, die steht drauf, wenn Typen sie einfach anquatschen, oder? Ich wette, deine Lieblingsfarbe ist Grün. Genau wie meine."

Lappen. Alles Lappen.

Schon mal den Begriff „Pick up Artist" gehört? Das sind Menschen, die sich überlegen, wie man Frauen anspricht. So, als wären Frauen Giraffen. Oder Zebras. Da würde ich mir auch überlegen, wie ich die ansprechen soll. Aber immer schön Konfrontationen meiden, immer auf Nummer sicher gehen, beim Kennenlernen immer jedem sagen, wie toll man findet, was der andere macht: „Boah, Agrarwissenschaft. Das klingt voll interessant", anstatt: „Hä? Und, was macht man da? Bist du jetzt Bauer oder was?"

Und dann reduzieren wir uns immer auf Äußerungen. Einem guten Freund von mir ist es egal, wie er auf andere wirkt. Der ist nicht eitel, aber bestimmt. Der Typ ist einer der Ersten, der mal was sagt, wenn man in diesen Gesprächsrunden sitzt und jemand einen dieser Sätze bringt, die anfangen mit: „Man wird ja wohl noch sagen dürfen, dass ...", „Ich hab ja nichts gegen ..., aber ..." oder „... der Breivik hätte die ja nicht alle erschießen müssen, aber schon krass, wie der hinter seiner Sache stand ..."

Halt die Fresse.

‚Hmhm naja, seh ich jetzt nicht so, aber ist schon okay so, wenn das halt deine Meinung ist, dann ist die das halt, kann ich halt nichts ändern', denken sich alle Lappen und wischen schön einmal über die braune Scheiße.

Aber der, der macht das nicht. Das ist kein Lappen, der steht auf und sagt den Leuten, die sollen nicht so einen Scheiß von sich geben und wenn sie sich weigern, sollen sie gehen, und wenn die nicht gehen, dann geht er. Und dann sind da vielleicht drei andere Lappen, die nicht wissen, was sie tun sollen, aber irgendwann, wenn sie zu Hause in ihren lila Lappen-Betten liegen, da denken sie vielleicht an den Typen, der ja doch 'n bisschen übertrieben hat, aber sie erinnern sich an ihn.

Wir sind eher so die Lappen.

Lappland.

Wir lachen immer noch über Mario Barth und darüber, dass Frauen nicht einparken können. Wir schwimmen in Seifenlaugen und warten, bis wir durch den Dreck gezogen werden, um diesen kurz zu verwischen. Aber wir brauchen keine Lappen, sondern Stahlbürsten oder Hochdruckreiniger. Denn der meiste Dreck, der liegt doch viel tiefer, als wir glauben.

Günter Wallraff hat letztens herausgefunden, dass Burger King nicht ganz hygienisch ist. Toll. Ich habe heute Morgen herausgefunden, dass seit zwei Monaten verschimmelter Joghurt auch nicht ganz hygienisch ist. Schmeckt aber trotzdem. Aber weil wir Lappen sind, ruhen wir uns auf Enthüllungsberichten aus. Wir brauchen Menschen, die uns sagen, was gut ist und was nicht, anstatt einfach mal selber nachzudenken. Wir wollen nicht auffallen und gehen in anonymen Massen unter. Lieber mal weitergehen, wenn jemand hinfällt, lieber mal zustimmen als nachfragen.

Lieber mal Lappen sein als Kratzbürste.

Wir brauchen mehr Kratzbürsten.

FRIEDENSFAHRT NACH ISRAEL UND PALÄSTINA

Im Jahr 2011 war ich für vier Wochen in Israel und Palästina. *Friedensfahrt* stand in dem *Zivildienst*, unserer Zivildienstzeitung. *Für junge Zivildienstleistende und andere junge Menschen* war dort ausgeschrieben. Fünf Tage Arbeitsurlaub inklusive. Das lief.

Tag null: Flugzeug

„Meinst du, das ist'n Terrorist?", fragt Kevin mich und zeigt unauffällig auf den turbantragenden Araber, der in der gegenüberliegenden Sitzreihe sitzt. Kevin ist der Kevin unserer Gruppe.

„Naja", antworte ich, „also'n Reiseführer ist das nicht, was der da liest."

„Alter", sagt Kevin und drückt seine Fingerspitzen fest in das Leder des Lufthansa-Sessels. „Der hat gerade 'nen Koran hervorgeholt. Wir werden alle sterben."

„Das wiederum ist eine Tatsache", stimmt Patrick rechts von mir ein und beugt sich zu Kevin rüber. „Kein Grund, sich deshalb Sorgen zu machen."

„Das ist'n Terrorist man", raunt Kevin Patrick zu und ergänzt flüsternd: „Wir müssen raus hier."

„Wir befinden und auf 10.000 Metern Flughöhe und die Außentemperatur beträgt minus 65 Grad Celsius. Jetzt auszusteigen ist sicherlich eine sehr dumme Idee, wenn du nicht sofort sterben willst", sagt Patrick mit der Stimme eines Klassenstrebers und putzt sich anschließend die Brillengläser. Er ist ein laufendes Klischee.

„Wo ist Herr Rehm?", fragt Kevin panisch und schaut sich im Flugzeug nach unserem Reiseleiter um.

„Der sitzt vorne", erklärt Patrick, „bei den Ü-80-Hardcore-Christen aus dem Sauerland. Wieso?"

„Na, der soll den Spinner vom Beten und sich in die Luft sprengen abhalten und irgendwas Krasses, Christliches machen."

„Einen Kreuzzug durch das Flugzeug?", fragt Patrick und runzelt die Stirn.

„Kevin", sage ich, „das ist kein Terrorist, das ist nur ein Mann mit einem Turban auf dem Kopf. Außerdem fliegen wir nach Israel. Die müssen keine Terroristen extra einfliegen lassen. Die haben ganz andere Probleme."

„Zum Beispiel?", fragt Kevin. Von vorne kommt ein Stoß der Ü-80-Hardcore-Christen durch das Flugzeug geschwebt.

Ich denke an den Nahostkonflikt am Gazastreifen, die Gebietsansprüche von Syrien an die Golanhöhen, an die ultraorthodoxen Juden in einem säkularisierten Staat, das Austrocknen des Toten Meeres, die nicht geklärte Zugehörigkeit der Drusen, an die hochproblematische Wasser- und Stromversorgung, an die Siedlungspolitik, Korruption, Parallelgesellschaften, Seeblockaden, wem gehört jetzt eigentlich Jerusalem und ...

Die Hardcore-Christen haben die Augen geschlossen und summen in einem melodischen, scientologyähnlichen-Singsang irgendetwas von der Liebe Gottes.

„Touristen", antworte ich, „Touristen."

Erster Tag: Haifa

„Haifa, Haifa", ruft Kevin und zeigt voller Stolz das Haifa-Haifa-Techno-Shirt, das er am Markt von Haifa gekauft hat. Es ist das Gesicht von H. P. Baxxter drauf. Davor prangert in grellen Farben: Haifa. Haifa.

„Tolles T-Shirt", sage ich. „Soviel zum Thema *Sich nicht als Touristen outen.*"

„Hey, das T-Shirt ist cool", antwortet Kevin trotzig, „und überhaupt. Es gab auch T-Shirts von *Frei.Wild.*"

„Und was stand drauf?", frage ich.

„Das Land der Vollidioten. Und im Hintergrund ist die Flagge der palästinensischen Autonomiegebiete abgebildet."

„Wow, krasser Humor", sagt Patrick und schüttelt sich.

„Ja", sagt Kevin. „Aber mal was anderes. Was machen wir überhaupt hier?"

Wir waren am Nachmittag mit dem Bus hergekommen. Nachdem wir die Betten in unserer Jugendherberge bezogen hatten, waren wir etwas planlos durch die Stadt gelaufen und hatten erst mal Bier gekauft, war so'n Instinkt-Ding. Auf der Arbeit durften wir schließlich nicht trinken und hatten jetzt ja quasi Urlaub. Nur Patrick hatte als Einziger einen Tourismusführer dabei.

„Haifa, also wir könnten hier zum Bahai-Schrein gehen", klärt uns Patrick auf. „Die haben wohl auch ganz coole Gärten. Vielleicht können wir da ja auch kiffen oder so."

Zehn Minuten später stehen wir vor einem protzigen Schrein. In der Mitte ist eine Urne aufgebaut. Neben uns in der Halle stehen Massen von Menschen unterschiedlichster Nationen, machen Fotos mit iPads von allem, was sich nicht bewegt und keiner weiß, wieso eigentlich.

„Wo sind wir hier?", zische ich Patrick unauffällig zu, während Kevin neben mir eine Bierdose aufmacht. Weißer Schaum ergießt sich über den wahrscheinlich jahrtausendealten Marmorboden. Ich tue so, als würde ich ihn nicht kennen.

„Das hier", sagt Patrick mit andächtiger Stimme und blättert in seinem Reiseführer, „ist der Schrein des Bab. Hier liegen die sterblichen Überreste des Abdul-Baha. Der älteste Sohn von Baha'ullah, dem, wenn man so will, Gründer der Bahai."

„Der Schrein des Baba? Krass, das muss ich *Haftbefehl* twittern", murmelt Kevin und zückt sein Handy. Ich tue weiterhin so, als würde ich ihn nicht kennen.

„Okay", flüstere ich. „Also der Sohn des Typen, der die Bahai gegründet hat, liegt hier in seiner eigenen Asche. Alles klar. Dann bleibt ja nur noch eins zu klären: Wer zur Hölle sind die Bahai?"

Patrick sieht mich an. Dann tut er so, als er würde er mich nicht kennen.

Zweiter Tag: See Genezareth, mittags

„Mach das nicht", sage ich etwas lustlos zu Kevin und schaue im dämmernden Abendlicht auf seinen Rücken. Es macht doch eh keinen Sinn, ihn aufzuhalten.

„Wieso nicht?", fragt er mich feixend und dreht sich breit grinsend zu mir um. Er steht knietief im See Genezareth.

„Naja, weil es für viele hier ein heiliger Ort ist und Jesus ist ja auch drüber gelaufen und ... Ach, mach doch, was du willst", sage ich, drehe mich um und höre an einem leichten Plätschern aus seiner Richtung, dass er sowieso schon damit angefangen hat, ins Wasser zu pinkeln.

„Entschuldigung, was machen Sie denn da?", höre ich eine empörte Stimme hinter mir und drehe mich interessiert wieder zum Ort des Geschehens. Unmittelbar vor Kevin ist eine der Hardcore-Christinnen aus dem Sauerland aufgetaucht und hält sich erschrocken die Hand vor den Mund. „Urinieren Sie gerade etwa in den See Genezareth?!"

Hektisch zieht Kevin seine Badehose hoch. „Ich, ich bin Bettnässer", sagt er irritiert. „Und bin wach geworden und konnte es einfach nicht halten und ..."

„Junger Mann!", sagt die Hardcore-Christin mit der Strenge einer Klassenlehrerin, „dieser See ist aus biblischer Sicht von herausragender Bedeutung, wie können Sie es wagen ..."

„Ich hab's dir doch gesagt!", rufe ich vom Ufer aus. „Ich hab's dir doch gesagt, Kevin, aber du wolltest mal wieder nicht auf deinen Pfleger hören!"

„Äh, äh ... ja, ja", stammelt er.

„Es tut mir sehr leid, dass er Sie gestört hat", rufe ich der Frau zu. „Der kleine Kevin. Er hat eine unheilbare Krankheit. Er muss krampfhaft in Seen pinkeln."

Freudestrahlend kommt die Hardcore-Christin mit Kevin ans Ufer. Sie hält seine Hand. Ich mache ein Foto davon und twittere es *Haftbefehl*.

„Ach, so ist das. Ich hatte ja gar nicht gewusst, dass der Kleine hier behindert ist. Ach wie nett von Ihnen, dass Sie ihn mit nach Israel nehmen, dann sieht er ja auch mal mehr von der Welt. Wirklich toll von Ihnen!"

„Ja", sage ich. „So sind wir Zivildienstleistende nun mal. Sozial, freundlich und vor allem, und das ist uns mit am Wichtigsten", ich klopfe Kevin auf die Schulter, „umwelt- und naturbewusst."

Zweiter Tag: See Genezareth, abends

„So, do you believe in the holocaust?" Die vier ungefähr sechszehnjährigen Mädchen schauen uns lächelnd an. Wir schauen irritiert zurück.

„Ich hab dir doch gesagt, mit Minderjährigen flirten ist 'ne blöde Idee", raune ich Kevin zu.

„Hast ja recht. Ehm, noo, we don't believe in the holocaust because in fact, it's a fact!", sagt er, wieder zu den Mädchen gewandt. Gute Antwort, denke ich.

„So you're a Nazi?!", sagt eines der Mädchen und schaut uns mit ernster Mine an.

„Ehm noo, we're no Nazis", sagt Kevin erschrocken. „We're just Germans and we are Zivildienstleistende, Zivildienstleidende! Aus Deutschland. We help people and stuff." Kevin lächelt bemüht. Die Mädchen sagen etwas auf Hebräisch und suchen dann kichernd das Weite.

„Toll gemacht", sage ich zu Kevin und stehe von der Bank, die sich im Innenhof der Jugendherberge befindet, auf. „Ich hab ja gesagt, mit Minderjährigen flirten ist immer 'ne blöde Idee."

„Wer von euch war das?", fragt Hans beim gemeinsamen Abendessen. Wir haben uns angewöhnt, Herrn Rehm zu duzen und nennen ihn Hans, einfach weil keiner weiß, wie er mit Vornamen heißt und Hans cool klingt.

„Wer von euch war das?", fragt er erneut und schaut in die Runde.

„Kevin hat in den See gepinkelt", ruft irgendjemand von hinten.

Alle lachen.

„Das meinte ich nicht", sagt Hans und winkt ab. „Wer von euch hat den Schulmädchen erzählt, wir seien Nazis aus Deutschland und würden den Holocaust leugnen?"

„Missverständnis", sage ich und zucke mit den Schultern.

„Kann gar nicht sein", fährt Hans unbeirrt fort. „Deren Lehrer hat's mir eben erzählt. Ihr beide ...", sagt er und sieht Kevin und mich dabei so fies an, wie ein Leiter der Zivildienstseelsorge Münchens nur fies schauen kann. „...Ihr beide ...! ... Ach, wir sind ja morgen eh wieder weg", sagt Hans und setzt sich wieder. Alle essen weiter.

Naja, denk ich mir, während ich weiter Humus in mich reinstopfe. Immerhin haben wir darüber geredet.

Dritter Tag: Klagemauer in Jerusalem

„Krass. Echte Juden. Die muss ich fotografieren", sagt Kevin und stürmt mit seiner Spiegelreflexkamera vor. Kevin ist immer noch der Kevin unserer Gruppe.

Wir anderen Jungs schütteln nur die Köpfe, aber nicht zu sehr, damit die Kippas nicht herunterfallen.

„Die Juden erschießen euch, wenn ihr eure Kippas verliert und verarbeiten dann euer Herz zu Humus", hatten uns die Palästinenser am Vortag erzählt. Diese waren sehr nett zu uns gewesen, vor allem, nachdem wir ihnen gesagt hatten, dass wir Deutsche seien. Deutschland! Jaffirs Augen hatten geleuchtet. Er war eigentlich Araber, aber auch gläubiger Christ, und – das war für uns am interessantesten – er verkaufte als Einziger in ganz Bethlehem Bier. „Hitler, Hitler war gut!", hatte er gesagt und uns gebeten, *Mein Kampf* zu signieren. Wir hatten abgelehnt.

„Verdammt", sagt Patrick, als er zu unserer kleinen Gruppe zurückkommt, und zeigt schnaufend in Richtung der tief im Gebet versunkenen Gläubigen vor der Klagemauer. „Alle besetzt."

„Was soll das heißen, alle besetzt?", frage ich und folge seinem Finger. Und tatsächlich. Neben jedem einzelnen, ekstatisch betenden, orthodoxen Juden steht mindestens ein gutbeleibter Tourist mit einer *I-love-Israel*-Mütze über der Kippa und posiert breit grinsend für Instagram. Manche machen Selfies.

„Krasser Scheiß", sagt Patrick.

„Religionstourismus", murre ich.

„Was soll's", sagt Kevin. „Ich mein', wer weiß, wie lange es das Judentum noch geben wird. Da kann mal doch ruhig mal 'n Foto davon machen."

Ich mache ein Foto von Kevin.

„Hey, was soll das?", fragt er.

„Naja", antworte ich, „wer weiß, wie lange es das Idiotentum noch geben wird. Da kann man doch ruhig mal 'n Foto davon machen."

Vierter Tag: Golanhöhen

„Geil!", sagt Kevin. „Geil, die Weiber haben ja Knarren hier. Voll geil, die eine sieht aus wie *Tomb Raider.*" Wir sind auf den Golanhöhen im Norden des Landes.

„Wenn ich kurz korrigieren darf", fängt Patrick an, „wenn überhaupt, dann sieht sie aus wie Lara Croft. *Tomb Raider* ist das PC-Spiel, in dem Lara Croft die Hauptfigur ist. Im gleichnamigen, sehr schlechten Film übrigens, verkörpert durch Angelina Jolie, die in Israel ..."

„Jaja, ist ja gut", sagt Kevin und schaut rüber zu einer Gruppe von ungefähr zehn waffentragenden, israelischen Frauen in Militäranzügen.

„Kevin", sage ich, „das hier ist ein ehemaliger, militärischer Stützpunkt. Die Gruppe voller Lara Crofts leisten ganz normalen Wehrdienst, das muss man in Israel. Wahrscheinlich machen die hier auch Zivi-Ausflug. Nur halt von der Armee aus. Also halt dich ein bisschen zurück, geht das klar?"

„Klar", sagt er, „ich mach die eben mal klar." Mit diesen Worten geht Kevin auf die Gruppe der kampferprobten, jungen israelischen Soldatinnen zu. Neben mir steht eine ehemalige

Schießscharte. Ich verstecke mich dahinter.

„Hello ladies", höre ich ihn aus sicherer Entfernung rufen. „I am Kevin and I am from Germany and you have nice weapons. But you know what? I also have a gun ...", ich zucke zusammen, „... in my underwear!"

Zwei Minuten später steht Kevin wieder bei uns. Patrick hat ihm ein Taschentuch gegeben, mit dem er sich seine blutende Nase zuhält. Lara Croft hat ihm die Fresse poliert.

„Geschieht dir recht", sagt Patrick. „Die UNTSO kontrolliert den Waffenstillstand in diesem Gebiet schon seit den Siebzigern. Du kannst hier nicht einfach Streit anfangen und nicht an die Konsequenzen denken, das machen die Syrer ja auch nicht."

„Hab ich doch gar nicht", mault Kevin und hält sich seine blutende Nase. „Die da haben angefangen."

Ich schaue herüber zu der Gruppe voller Lara Crofts. Die Fresse-Polierin steht vor ihrem Vorgesetzten und erklärt sich wild gestikulierend für ihre Tat. Dann zeigt sie mit dem Finger auf uns und sagt wahrscheinlich genau das Gleiche wie Kevin, nur andersrum. Und das fasst eine der Problematiken eines Landes doch ganz gut zusammen.

PERSONEN IM HAUSHALT, DIE ALS LETZTES GEBURTSTAG HATTEN

Es ist Dienstag und ich sitze wieder mal im Büro.

Eigentlich ist das hier kein Büro, sondern nur ein blödes Telefonstudio, wo vor allem Schüler, Studenten, ehemalige Hartz-IV-Empfänger, Ex-Knackis und Rentner arbeiten, die sich ein bisschen was dazu verdienen wollen. Ich bin Schüler und will das auch, aber ich finde „Büro" klingt irgendwie schöner, geordneter, richtig nach Arbeit.

Der Job im Callcenter ist richtige Arbeit – das haben sie uns letzte Woche beim Einführungskurs, in dem getestet wurde, ob wir denn auch sprechen können, jedenfalls sehr oft gesagt und so oft wiederholt, bis ich das geglaubt habe, so oft wiederholt, bis ich das geglaubt habe, so oft wiederholt, bis ich das ...

Bin dann an meinem ersten Arbeitstag auch direkt mit rosa Nadelstreifenanzug gekommen und wurde ziemlich bescheuert von den Mitarbeitern und Chefs angeguckt, den sogenannten „Supervisoren" und von Emilia, meiner Sitznachbarin, die Currywurstflecken auf der Bluse hat. Komisch, wir haben gar keine Cafeteria, sondern nur einen Snackautomaten, und da gibt's weder Curry noch Wurst noch Flecken. Aber trotzdem hat sie Currywurstflecken. Einmal arbeitslos, immer arbeitslos, das muss es sein, vielleicht trägt sie diese Flecken als Zeichen ihres ehemaligen sozialen Abstiegs. Sozusagen als Mahnmal für andere, aber auch für sich selbst, um sich an die Zeit der unzähligen Currykings, des Öttinger-Export-Biers sowie der ganzen dämlichen Vorurteile über Erwerbslose zu erinnern, die manch ein junger Bühnenautor zugunsten eines vollkommen dumpf dreinblickenden Publikums immer mal wieder herausholt. Currywurstflecken als eine Art Tattoo und wenn dann mal so ein unbekümmerter Typ wie ich, der noch in ein städtisches Gymnasium geht und danach was Kreatives studieren will, also von jemandem, der garantiert nie Probleme damit haben wird, einen festen Job zu kriegen, geschweige denn arbeitslos werden kann, gefragt wird, warum sie da Currywurstflecken hat, dann würde sie demjenigen, der fragt, also mir, tief in die Augen sehen und sagen: „Das sind keine Flecken. Das sind Narben."

Aber jetzt erstmals Headset auf und Monitor an und dann die erste Nummer wählen.

Düüüüüüd.

Düüüüüüd.

„Schönen guten Tag. Mein Name ist Nils Frenzel und ich rufe an vom Infas-Institut für angewandte Sozialwissenschaften aus Bonn. Wir führen im Moment bei zufällig ausgewählten Haushalten Telefoninterviews durch und befragen die Bürger nach ihrer Meinung zum Thema Sicherheit im Straßenverkehr. Hierzu möchte ich bitte mit derjenigen Person im Haushalt sprechen, die als letztes Geburtstag hatte. Sind Sie vielleicht diese Person?"

Soweit bin ich nie gekommen. Die meisten legen entweder bei meinem Namen oder wenn sie den Namen der Firma hören, spätestens aber bei „Haushalt" auf, weil kein normaler Mensch einfach so anruft und mit einer Person „im Haushalt" sprechen möchte. Bei Emilia läuft das anders, sie telefoniert die ganze Zeit wie eine Besessene und kassiert die ein Euro fünfzig Provision so unglaublich schnell, dass ich das Gefühl habe, mich mit meinem Stuhl in einer Zeitblase zu finden, von der aus ich ihr in zehnfacher Geschwindigkeit beim Wählen, Telefonieren und Auflegen zusehen kann. Comicartig erscheinen Eurozeichen neben ihrem Kopf und eine virtuelle Kasse klingelt im Takt ihres Arbeitseifers.

Ka-Tsching, Ka-Tsching, Ka-Tsching. Jedes Mal ein Euro fünfzig. Doch nach kurzer Zeit platzt die Blase und ich entdecke ihr Geheimnis. Ungeachtet der Tatsache, dass uns seit jeher, also seit letzter Woche, eingeschärft wurde, weder suggestiv noch wertend zu wirken, rufe ich das nächste potentielle Opfer an.

Düüüd. Düüüd.

„Ja, hallo?"

„Ach herrje! Haben Sie ein Glück. Verdammte Axt, Mann, Sie sind ja crazy! Bäm, bäm! SIE HABEN GEWONNEN!" Dann halte ich mein Handy ans Headset und lasse „Everbody Dance Now" laufen. „Wow, wow, wow, Sie Teufelskerl. Sie haben gewonnen. Wann hatten Sie eigentlich das letzte Mal einen schweren Verkehrsunfall?" Zwischendurch lasse ich immer wieder ein „Yeah, Sie haben gewonnen"-Jingle laufen, um den Anrufenden bei Laune zu halten.

Nach vier Stunden bin ich der reichste Mensch der Welt, ich habe fünf Euro Provision kassiert sowie einem Stundenlohn von sechs Euro fünfzig und bin Gott in diesem Telefonstudio. Emilia lasse ich mit einem goldenen Headset in der Mitte des Raums in Stein meißeln und lasse die Chefs rosa Nadelstreifenanzüge tragen, weil das hier immerhin richtige Arbeit ist und das auch jeder sehen soll. Anschließend gebe ich mir selber frei und fahre mit der Straßenbahn nach Hause.

Ganz schön wenig Verkehr heute, denke ich mir noch, als ich die grün leuchtende Ampel überquere und aus dem Nichts ein Wagen frontal auf mich zu fährt.

„In drei Sekunden", beantworte ich die von keinem Mitarbeiter eines Callcenters gestellte Frage nach meinem letzten schweren Verkehrsunfall und klatsche drei Sekunden später voll auf die Frontscheibe eines heranfahrenden Autos.

Hochmut kommt vor dem Aufprall.

WIE ICH MICH MAL GEGEN DAS EINKAUFEN UND FÜR DAS BEOBACHTEN ENTSCHIEDEN HABE

Neulich war ich einkaufen. Das war krass.

Wenn man Menschen beim Einkaufen beobachtet, kann man so einiges lernen. Generell, wenn man Menschen beobachtet.

Ich war also im Netto um die Ecke und wollte einkaufen, zumindest war das der ursprüngliche Plan, als sich jedoch das ältere Ehepaar neben mir über die Freshness der Kiwis stritt, ein kleines Kind mit einem Hanuta vor seiner Mutter weglief und ein nach Abfall riechender Mann sich ein Bier im Laden aufmachte und die Kassiererin, die ihn darauf hinwies, er dürfe das nicht einfach so machen, seelenruhig ansah und ihr sagte, er wäre incognito Warentester und hieße eigentlich Günter Wallraff, da entschied ich mich gegen das Einkaufen und für das Beobachten. Ich gesellte mich zu den Äpfeln und verkleidete mich als Banane. Das fiel nicht weiter auf.

„Oh guck mal, die haben wieder Äpfel", sagte irgendein Student zu seiner Freundin. Es ist schon unglaublich, für was sich Menschen begeistern können. Äpfel. In einem Supermarkt. Verrückt.

„Ja", sagte sie, „und die kommen sogar aus der Region." Sie schaute aufs Etikett: „Aus Chile." Sie schaute sich kurz um, aber es war wohl niemand aus ihrem Hobbybiologinnen-Freundeskreis in Reichweite, also sagte sie: „Ach egal", und steckte die Äpfel ein. Dann gingen beide.

Und wie ich so dasaß, mit der Bananenschale auf dem Kopf zwischen den Äpfeln, da kam ich mir blöd vor. Weil ich mir dachte, dass es genau so läuft.

„Ja, ich kauf nur Eier von glücklichen Hühnern, aber wenn da halt nur unglückliche Eier rumliegen, dann ..." – beißte halt auch mal in das unglückliche Ei. Ich find das ja okay, wenn man sagt:

„Hey. Umwelt, Bio, Nachhaltigkeit. Ist mir recht egal, ich will im Winter Erdbeeren haben, mir egal, wie viel Tonnen Kerosin verbrannt werden, ich will beim Weihnachtsmarkt meine Erdbeeren essen."

Ist 'ne Einstellung. Ist dumm. Ist aber eine Einstellung.

Wenn man sagt: „Ich bin eher so der Veganer. Und find McDonald's doof", ist das gut. Was nicht gut ist, ist die Mischung aus beiden: „Ja, ich bin vegan und gegen Massentierhaltung und regional ist toll. Wir sollten öfter zu Bauernhöfen fahren, kleine Küken streicheln und Kühe melken, aber ich spare gerade auf meinen Audi A7 und naja, wenn keiner hinschaut, dann ess ich auch ganz gerne mal Rehfilet."

Was soll das? Das ist inkonsequent. Im Supermarkt ist mir aufgefallen, dass die Leute sich verstellen, wenn sie einkaufen. Sie wollen real sein und vor ihrem Bekanntenkreis so tun, als ob sie drauf achten würden, was sie kaufen. Aber wenn keiner hinguckt, dann doch die Fertigpizza. Und nachmittags dann in irgendwelchen Facebook-Gruppen radikalen Veganismus predigen und jeden an den Pranger stellen, der nicht mitzieht. Das ist schade.

Es ist sinnvoll, sich vegan zu ernähren, nur wirst du nie jemanden mit diesem „Fleischesser sind Mörder, ihr seid Mörder, brennt in der Hölle"-Getue erreichen.

Ein Witz: Woran erkannt man einen Veganer?

Er sagt es dir.

Im Supermarkt fiel mir auf: Es sind Gruppen, die da einkaufen. Stereotypen. Wir alle ticken so und ich schreibe so. Der Typ, der nach Abfall riecht, ist 'n Penner. Das Studentenpärchen ist ein hippes Studentenpärchen und die Frau, die ihrem Sohn mit dem Hanuta in der Hand hinterherläuft, ist eine frustrierte Hausfrau. So kann sich das jeder vorstellen. Und auch von Veganern und Bio-Fetischisten hat man eine genaue Vorstellung. Aber das sollte nicht so sein. Man sollte nicht sagen: „Hey, ich bin übrigens vegan, ich ess meinen eigenen Aufstrich, tschüss", nein. Man muss aufeinander zugehen. Probier den Aufstrich doch mal. Überleg dir doch mal, was du für ein Zeug in dich hineinschaufelst, anstatt dich über Leute aufzuregen, die dir sagen, dass durch das Kuhgefurze in Mexiko Treibhausgase produziert werden. Rede doch einfach mal mit einem Veganer. Oder viel besser: Du redest ganz normal mit einem Typen. Und er ist halt Veganer. Einfach so. Und es ist okay, aber jetzt auch nicht das Thema.

Noch ein Witz: Worüber redet man mit Veganern?

Über Essen.

Ist doch doof. Veganer haben auch Hobbys. Du gehst ja auch nicht zu 'ner Party und erzählst erst mal, was du heute Morgen gegessen hast. Nö, du sagst, wer du bist, was du so machst und wen du kennst, warum du hier bist. Es gibt nichts Schlimmeres als Menschen auf Partys, die über Essen reden oder sich streiten.

Ich war mal auf einer Party und im Kifferzimmer gab's eine Diskussion über genau das Thema. Sie: Jung, Geo-Ökologie-Studentin, vegan, war mal ein Jahr in Bolivien und vor allem anti allen Fleischkonsum. Und er: Schützenfestkönig von 2006, einhundertundzehn Kilogramm Lebendgewicht, rote Wangen, Hähnchenschenkel in der Hand, eher so der traditionsbewusste Franke. Das Gespräch war schrecklich. Und ich konnte nichts dagegen machen, außer zuhören, wie sie ihn anschreit und er „basd schoa" sagt. Da denkste dir doch auch nur: „Hä?!"

„Hey Sie, Sie sind gar keine Banane!" Eine Frau im Supermarkt hatte mich an meiner Schale gepackt.

„Sehr richtig", sagte ich.

„Okay", sagte sie.

Dann zögerte sie kurz und sagte: „Ich bin übrigens Veganerin",
– und verließ den Supermarkt.

EIN DREITEILIGER TEXT ÜBER LIEBE.
UND PHILIPP POISEL

Erster Teil

„Ich liebe dich", sage ich und starre auf mein halbleeres Glas, das ich aus dem Club mitgenommen habe, obwohl ich's gar nicht darf.

Wir beide stehen an der Bushaltestelle und warten. Du auf den Bus. Und ich irgendwie auf dich.

„Ich liebe dich", sage ich noch einmal und meine es auch so, nur kommt das garantiert nicht so bei dir an. Weil ich zuviel getrunken und du zu wenig geweint hast.

Ich suche in deinem Gesicht, nach einem winzigen Detail, das mir sagt, dass ich mal für dich mehr wert war.

Doch vollkommen nüchtern stehst du da und total besoffen steh ich daneben und glotz dich einfach nur blöd an.

Als die Schwingtür des Busses unter Zischen zugeht und du davonfährst, werfe ich wütend mein Glas an die Scheibe und es zerspringt klirrend in tausend ungleiche Teile.

„Wie mein Herz", sage ich, drehe mich um und gehe zurück in den Club. Nicht mehr auf der Suche nach dir, sondern nach Bier.

Zweiter Teil

„Ich liebe dich", hauchst du mir zu und nimmst mich ein letztes Mal in den Arm. Die Kette, die ich dir geschenkt habe, hast du schon längst abgenommen.

In der linken Hand habe ich deinen Koffer und in der rechten Hand trage ich all die *Ich liebe dich* und *Alles bleibt so wie es ist*-Phrasen.

Erinnerungen an gemeinsame Momente schlagen wie Blitzschläge in meinen Kopf ein, just in dem Augenblick, in dem ich dir deinen Koffer gebe. Es ist die Angst, dass die Momente die hierbleiben, nicht einzigartig sind.

Du drehst dich um und gehst viel zu früh zum Terminal.

Und alles, was dann hierbleibt, sind Phrasen über Liebe in der linken und Fragen über uns in der rechten Hand. Phrasen, die so leer sind, dass ich sie dir nicht mitgeben kann und Fragen, die wir uns nie gestellt haben, und die deshalb keiner von uns beiden jemals beantworten wird.

„Geh nicht!", rufe ich dir hinterher und bewerfe dich mit Blumensträußen, Pralinen und Elefantenbabys.

Dritter Teil

Wir sind beide rausgefahren und liegen auf einer viel zu kleinen Isomatte. Du trägst meinen Pullover, den ich dir gegeben habe, weil es dir zu kalt war und wir schauen beide in die Ferne. Sternschnuppen fliegen umher. Und alles, was ich mir wünsche, ist einmal mit dir gemeinsam zu schweigen. Und uns zur Abwechslung mal nicht mit fremden Phrasen einzukleiden.

Denn: *„Ich weiß nicht, wie weit es ist, wohin es geht, auf wen du stehst. Ich fliege nicht. Ich liebe dich 1, 2, 3"* machen diesen Moment bestimmt nicht zu etwas Besonderem. Also lass uns doch einmal damit aufhören, uns mit fremden Formulierungen zuzudecken und uns am Vokabel-Wein des anderen zu betrinken, nur um dann ein erbrochenes, doch so ehrlich gemeintes *Ich liebe dich* herauszudrücken. Aber irgendein lockiger, verträumter Songwriter aus Berlin redet ja immer über Liebe und Berlin und verliebt in Berlin, den Frühling, den Sommer und die Kolibris und Vogelgezwitscher und Schmetterlinge und *geh nicht, bleib hier, ich liebe dich und vermisse dich, wirklich ganz ehrlich, hier, ich sing nur für dich und hab lockige Haare und bin Künstler aus Berlin, yoar, und, und ich liebe, ich liebe dich, ich liebe dich, ich liebe dich, ich vermisse dich und vermisse dich und vermisse und vermisse dich und ich und ich und ich und ich und ich.*

Und ICH hasse diese ätzende Musik und dieses ständige Liebesgeschwafel über immer dieselben romantischen Orte, mit immer demselben Gerede, mit den immer selben Geschenken und mit den immer selben Gesten. Denn wenn wir in solchen Momenten auf einer viel zu kleinen Isomatte liegen und uns auffällt, dass wir neben Aufschnitt vor allem Brot und Messer vergessen haben und es sowieso viel zu kalt ist, weil Zelten im Februar doch eher so eine mittelgute Idee war – in solchen Momenten, wenn wir dann draußen sitzen und Worte wie Ewigkeit und Sehnsucht zu greifbaren Begriffen mutieren, die um uns herum flackern wie Öllampenlichter, dann ist Liebe doch vor allem eins – stumm. Weil meist doch unaussprechlich.

Und wenn Philipp Poisel uns sagt:

„Ich weiß nicht,
wie weit es ist.
Wohin du gehst.
Auf wen du stehst.
Ich fliege nicht.
Ich liebe dich 1, 2, 3!",

da kann ich, nach dem Aufzählen von drei Geschichten voll mit vorwurfsvoll-erbrochenen Liebesschwüren nur ein Fazit finden:

Schweigt. Und liebt euch.

IVAN

Der Tau hatte ihn geweckt. Ivan zog die Zeitungsdecke etwas enger um sich herum und drehte sich auf den Rücken. Die nassen Holzbalken der Parkbank ächzten feucht und schwermütig unter seinem Gewicht und die Scharniere stimmten einen flehentlichen Trauergesang an.

Er sah in den Himmel. Umrahmt von Baumkronen und durchzogen von schwarzen Kondensstreifen, glühte hoch über ihm das Sternenzelt in fast schon überheblichem Glanz. Er wackelte unruhig mit dem Kopf und schüttelte sich. Es war zu nass, um hier zu schlafen. Viel zu nass. Er stand auf, packte seine Habseligkeiten und verließ den Park. Als er sich auf einer Kreuzung wiederfand, überlegte er, was zu tun war. Das Obdachlosenheim kam nicht mehr in Frage. Er hatte die letzte Nacht dort verbracht und war Hals über Kopf fortgelaufen, als er die Hände kalter Dämonen an seinem Körper spürte. Doch wohin?

Wunderland hatten die Männer mit den Bussen gesagt. Ivan hatte in seinem Heimatdorf zuerst seine Kutsche und sein Pferd verkauft und war dann eingestiegen. Damit tauschte er unwiederbringlich seinen Hoffnungsfluchtpunkt gegen ein Dasein auf der untersten Stufe der Überlebenstreppe.

Und jetzt, mitten auf der vielbefahrenen, farbzerlaufenen Straße, auf der alles an ihm vorbeirauschte, sah er ein, dass er wieder allein war. Niemand ahnte, wie es ihm hier ging. Niemand. Denn Wunderländer existierten eben nur in Kaleidoskopen, die die Kinder des Dorfes verzweifelt in die Morgenröte stachen und an deren Anblick sie sich dann berauschten.

Ivan fluchte in Gedanken darüber, dass sie alle hier her wollten, obwohl es hier nichts gab, außer diesen allesdurchdringenden Tau, vollgestopfte Straßen und kalte Menschen.

Er betrat eine noch offene Imbissbude. Der Besitzer, ein

dicklicher Mann mit Schnauzbart, stand hinter dem Tresen und schaute ihn mürrisch an. Ivan bestellte ein Bier gegen den Hunger und stellte sich an den Stehtisch. Die Klänge eines Geldspielautomaten ließen ihn aufhorchen. Ein grauhaariger Mann stand davor und seine rotunterlaufenen Augen spiegelten sich in dem Display. Benommen drückte der Alte die Tasten und fluchte, bevor er das nächste Zweieurostück aus seiner Hosentasche hervorholte, hineinwarf und erneut drückte.

„Brauchst du Münzen?", fragte der Mann mit dem Schnauzbart. Der Grauhaarige nickte und ließ sich einen Zehneuroschein wechseln. Er stand jetzt direkt neben Ivan.

„Warum? Warum du tust das?", fragte Ivan in unsauberem Deutsch und wunderte sich über seine so direkte Frage.

Der Mann zuckte mit den Schultern. „Irgendwann krieg ich den Automaten noch. Irgendwann. Dann bin *ich* dran." Der Mann lachte und verfiel in ein krankes, röchelndes Husten. „Und du?" Er schaute Ivan an. „Bist du'n Penner oder was?"

Ivan wandte sich stumm ab, nahm sein Bier in die Hand, führte es an seine kalten Lippen und trank. Als er durch die Scheibe nach draußen sah, bemerkte er, wie Regentropfen gegen das Fenster perlten. Erst langsam und unregelmäßig, doch dann prasselte es deutlich und heftig.

‚Regen', dachte Ivan, ‚Regen. Immerhin kein Tau.'

WER NICHT KÄMPFT, HAT SCHON VERLOREN

Es sind diese Momente, in denen du einfach beweisen musst, dass du Verantwortung übernehmen kannst. Es wird immer jemand an dir zweifeln. An dir und an deinen Fähigkeiten. Doch einzig und allein du bestimmst, was du kannst und was nicht. Es geht darum, Mut zu zeigen, wenn andere schon längst verzweifeln und darum, der Letzte zu sein, der aufrecht geht, während die anderen schon wackeln oder schon umgefallen sind. Dann werden sie zu dir aufsehen und du wirst derjenige sein, der noch steht. Den Blick fest Richtung Zukunft gewandt und das Ziel fokussierend. Dann fängst du an, Verantwortung zu übernehmen. In solchen Momenten werden Helden geboren.

Dennis hält den Ball, den ich geschossen habe. Bei den Kindern brandet Jubel auf und Dennis wirft den Ball wieder nach vorne. Das Spiel geht weiter.

„Toll", sagt einer der Erzieher neben mir, während wir uns nach hinten verteilen, um die angreifenden Kinder abzuwehren. „Toller Schuss, wirklich mitten in die Hände von Dennis, wirklich sehr gut gemacht, Hauptsache mal selber schießen, ne?"

„Ruhe!", blaffe ich zurück. „Ihr habt ja alle schon längst aufgegeben und von euch wollte ja keiner den Elfer schießen. Nur nicht aufgeben! Wie viel steht's denn?!"

„Immer noch 4:0."

Ich bekomme Lust aufzugeben.

„Hätten wir gewusst, dass ihr Zivis so miserabel spielt, hätten wir euch sicherlich nicht ins Team geholt."

„Ihr habt gesagt, wir müssen heute länger arbeiten, wenn wir nicht mitspielen!"

„Und das werdet ihr auch müssen, wenn wir das Spiel nicht noch drehen können. Auf jetzt!"

5:0. Max, der im Tor steht, ist kurz davor zu weinen. Jennifer jubelt und lässt sich von ihren Mitspielern feiern, nachdem sie ihn getunnelt hat.

Noch vier Minuten zu spielen.

„Wir müssen Helden werden!", rufe ich meinen Mitspielern zu. „Helden! Helden!"

So richtig heldenhaft sieht keiner von uns mehr aus. Stefan liegt keuchend auf dem Boden, Max und ich halten uns gerade noch so auf den Beinen. Günther und Guntram haben schon längst abgewunken und sich auf den Boden gesetzt.

„Loser!", sage ich. Dann setze ich mich kurz auf den Rasen, um mich auszuruhen. Wir verlieren 7:0.

„Warum habt ihr aufgegeben?!", fragt Justin beim gemeinsamen Mittagessen in Haus Sieben. Meistens holen wir Zivis uns Mettbrötchen beim Metzger, aber nach der phänomenalen Niederlage waren wir zu kaputt, um noch Auto zu fahren und konnten uns nur noch mit letzter Kraft in das Haus retten. Es gibt Tortellini mit Sahnesoße und nach den ersten Bissen fühlen wir uns schon wieder etwas lebendiger.

„Na, weil es keinen Sinn mehr gemacht hat", sagt Max, „ihr wart zu gut, wir lagen ja schon 5:0 hinten."

„Ihr seid voll die Schwächlinge", sagt Justin.

„Wir sind Realisten!", sagt Stefan. „Wenn man weiß, dass man eh schon so weit hinten liegt und man gar nicht mehr gewinnen kann, macht es auch keinen Sinn mehr, sich anzustrengen."

„Aber ihr hättet doch noch gewinnen können!", ruft Dennis von der Seite.

„Unrealistisch", erwidere ich und stochere in meinen Tortellini herum.

„Wer nicht kämpft, hat schon verloren, hat Bushido einmal gesagt", sagt Dennis entrüstet.

„Da hat Bushido schon recht", sage ich. „Aber schau mal,

Dennis. Wenn du in einer aussichtslosen Situation bist und du weißt genau, dass es tausendmal anstrengender ist, für die 0,001 Prozent Wahrscheinlichkeit zu kämpfen, um aus der Situation noch herauszukommen, als sich einfach damit abzufinden, dass man ein sowieso schon verlorenes Spiel verliert, was würdest du dann machen?"

„Kämpfen", sagt Dennis. „Wie Rocky oder Bushido. Die haben auch immer gekämpft. Und selbst wenn sie einmal verloren haben, haben sie nicht aufgegeben."

Drei Wochen später wird eine Erzieherkonferenz für Dennis einberufen. Er hat zum vierten Mal innerhalb von zwei Wochen die Schule geschwänzt und am Tag zuvor einen jüngeren Mitschüler verprügelt. Wir Zivis dürfen der Konferenz beisitzen, bei der Dennis mit seinen Taten konfrontiert und darüber entschieden wird, wie man weiter mit ihm verfährt. Dennis hat die Arme verschränkt und tut so, als interessiere ihn das alles nicht.

„Ihr sollt mich alle in Ruhe lassen", sagt er. „Ich hab keinen Bock mehr. Der Typ hat das verdient, dass ich dem eine gegeben habe, weil der mich ständig provoziert hat und ich hab keinen Bock mehr auf Schule. Bringt alles eh nichts."

Schlussendlich bekommt er einen Verweis und muss für die nächsten zwei Wochen Hofdienst auf dem Gelände des Kinderheims ableisten. Einige Tage später hat Dennis Geburtstag. Obwohl wir den Kindern eigentlich nichts schenken sollen, legen wir Dennis die neue Bushido-CD ins Zimmer. Darauf bringen wir einen Zettel an mit der Aufschrift: *Wer nicht kämpft, hat schon verloren - Bushido 2011.*

EIN SATZZEICHEN-MÄRCHEN

Ich löffelte gerade eine Schüssel Kellogg's Frosties und hatte es mir auf der Couch gemütlich gemacht, als mein Handy vibrierte. Es war eine SMS von Stefanie, einer Bekannten, die mich fragte, ob ich sie heute Abend auf einen Geburtstag von irgendjemanden begleiten wolle, sie schrieb „supergeiler Typ" mit drei Ausrufezeichen. Also ein Durchschnittstyp. Ich sollte mal wieder als männliche Unterstützung herhalten. Und dabei hatte ich mich doch so auf einen Kellogg's-Abend gefreut.

Ich war kurz davor, ihr zu schreiben, dass ich ihr natürlich helfen werde, doch da las ich den letzten Satz ihrer SMS noch einmal:

„Und wie sieht's aus, du kommst jetzt also mit ..."

Drei Punkte. Ich starrte auf mein Handy. Kein Fragezeichen oder Ausrufezeichen. Nein. Drei Punkte! Was soll das heißen? Ich sah die drei Punkte auf dem Display an. Sie standen mir nix dir nix so für sich da.

„Los, verratet mir, was ihr zu sagen habt. Soll ich jetzt mitkommen oder nicht?", schrie ich die drei Punkte an. Frage oder Aussage? Soll ich mit oder muss ich mit?

Um diese Frage zu klären, nahm ich mein Handy, legte es auf die Couch und sprang hinein, um mich auf die Suche nach den drei Punkten zu machen und sie auszufragen, was sie sich eigentlich einbildeten, einfach so am Ende des Satzes aufzutauchen. Gut, ich war etwas unvorbereitet, doch das merkte ich erst, als ich durch einen Tunnel aus Buchstaben, Zahlen und Satzzeichen quer durch mein Handy flog. Irgendwann fiel ich aus diesem Tunnel heraus und landete in einem Sumpf, er war brackig und roch faulig nach vermoderten Zeitungen und Briefen.

Ich schwamm Richtung Ufer und wollte mich gerade hochziehen, als mich etwas packte und mich herunter zog. Mir wurde schwarz vor Augen, nur meine dünnen Ärmchen ragten hilfesuchend aus dem stinkenden Morast. Dann packte mich etwas anderes und hievte mich wieder hinaus, ich war noch etwas benommen und erbrach ein paar Konsonanten und einige griechische Buchstaben. Dann sah ich meinen Retter. Ein großes L hatte mir seine lange Seite hingehalten und mich rausgezogen:

„Was machen Sie denn da in der Wortkotze? Das ist doch gefährlich für jemanden wie Sie. Wenn diese ganzen verfaulten Buchstaben nach Ihnen packen, holen Sie sich mehr als eine Erkältung! Dann sind Sie tot. Mausetot! Immer diese Draufgänger, pft."

Das L betrachtete mich mitleidig. Ich würgte noch ein Diphthong hervor und wollte mich gerade bedanken, doch da war das L schon vorbeige-L-t. Ich versuchte, mich zu orientieren. Hinter mir erstreckte sich der Sumpf voller Wortkotze und vor mir lag ein Hügel, die Sonne schien hell und schön, doch es war niemand weit und breit zu sehen. Ich lief den Hügel hinauf und konnte in einem dahinterliegenden Tal ein kleines y und ein kleines x mit einem Punkt spielen sehen. Der Punkt war wie immer der Ball.

Ich lief rufend runter: „Hey, hallo, ich suche drei Punkte, könnt ihr mir vielleicht helfen?"

Doch die Kleinen hoppelten rasch und schüchtern weg. Na toll. Wen sollte ich jetzt nur fragen, fragte ich mich ... und just in dem Moment ging, etwas gebeugt, ein Fragezeichen an mir vorbei.

„Hey Sie, hallo", sagte ich, „ich bin auf der Suche nach drei Punkten, können Sie mir vielleicht helfen?"

Das Fragezeichen blickte mich fragend an: „Sagen Sie mal, geht's Ihnen noch gut?"

Es wackelte unruhig und war etwas aufgeregt. „Ich bin ein Fragezeichen??? Wie kommen Sie darauf, ein Fragezeichen etwas zu fragen???" Der Blick des Fragezeichens wurde immer fragender.

„Nein, es ist nur so, Sie kennen sich doch sicher hier aus und ...", erwiderte ich.

„Fragezeichen stellt man keine Fragen??????? Lassen Sie mich, lassen Sie mich, lassen Sie mich???"

„Herrgott, brauchen Sie vielleicht noch zwei Fragezeichen mehr, bis Sie den Fall übernehmen?! Ich will nur wissen, wo ich hier drei Punkte finde!"

Doch da war es schon kopfschüttelnd und mit fragendem Blick vorbeigegangen. Jetzt war ich wieder alleine. Die Sonne brannte mir auf der Haut und gerade als ich beschloss weiterzugehen, da hörte ich etwas aus der Ferne. Ich kniff die Augen zusammen, am Horizont näherte sich etwas. Eine Menge. Eine Masse. Was war das? Und da erkannte ich es: Eine Legion Ausrufezeichen marschierte auf mich zu. Als sie mich sahen, hielten sie inne. Das Anführer-Ausrufezeichen trat vor.

„HAAALT!"

„Wer sind Sie!"

„Was wollen Sie!" Das Anführer-Ausrufezeichen sah mich fordernd an.

„Hallo, ich bin auf der Suche nach drei Punkten, weil ich wissen will, was sie von mir wollen. Können Sie mir da vielleicht helfen?" Ich war jetzt selber ein bisschen eingeschüchtert.

„Sagen Sie mal, Ihnen geht's wohl zu gut!" Das Ausrufezeichen wurde sichtlich wütend. „Sehe ich vielleicht aus wie ein FRAGEZEICHEN!"

„Nein aber ..."

„So. Also suchen Sie gefälligst ein Fragezeichen, wenn Sie etwas wollen!!!"

„Ich hab ja ein Fragezeichen gefragt aber ..."

„Ein Fragezeichen etwas gefragt, soso. Sie spinnen ja wohl, seit wann fragt man denn ein Fragezeichen. Fragezeichen stellt man doch keine Fragen. Wo kommen Sie überhaupt her! Und was sind Sie überhaupt für ein sonderbarer Buchstabe! Antworten Sie!"

Da erschrak ich. Verdammt, ich war ja gar kein Buchstabe. Was machte ich eigentlich hier?

„Ich ... ich bin ein ... großes I", sagte ich, nahm die Hände über meinem Kopf zusammen und hüpfte starr umher.

„Hm, ein großes I, soso. FRANZ! HERMANN! Packt unser sonderbares I mal und werft es in den Wortkotzesumpf. Dann sehen wir ja, ob es untergeht! HAHA!"

Das Lachen des Anführer-Ausrufezeichens klang hart und blechern. Und so packten mich zwei Ausrufezeichen und warfen mich in den Sumpf voller Wortkotze, den ich ja schon kannte. Doch jetzt war kein L da und so zogen mich senile, verfaulte Buchstaben tief hinunter in die brackige Wortkotze. Wieder wurde mir schwarz vor den Augen. Im Untergehen bemerkte ich, dass irgendetwas vibrierte und die Kotze, sie schmeckte fast süß ... wie Frosties?

Ich öffnete die Augen. Ich lag auf der Couch, mein Gesicht halb getränkt in der Schüssel mit Kellogg's Frosties ... verdammt, schon wieder ein Schlafanfall. Mein Handy in der Hand vibrierte und ich las die nächste SMS von Steffi:

„Was ist jetzt, kommst du mit ...?!"

Drei Punkte ... ein Fragezeichen ... UND ein Ausrufezeichen!

Vollkommen entnervt schrieb ich ihr zurück, sie solle sich gefälligst für ein Satzzeichen

entscheiden – drei Punkte seien keine Satzzeichen, aber heute würde ich sowieso nicht mehr kommen. Weil keine Zeit und weil Kellogg's-Abend!

Und während ich mir eine neue Schüssel Kellogg's machte, beendete ich mit meiner linken Hand meine SMS mit einem Ausrufzeichen.

Und die Moral von der Geschicht:

Wollt ihr Klarheiten schaffen, benutzt gängige Satzzeichen.

Und drei Punkte sind keine Satzzeichen.

Und das muss sich nicht einmal reimen.

CHAMÄLEON

Sie stand im Hausflur und zog ihr Kopftuch über. Das tat sie nun schon seit geraumer Zeit. Sie fühlte sich so sicherer, wenn sie abends loszog, um Flaschen zu sammeln. Nicht auszumalen, was passieren könnte, wenn sie jemand erkannte.

„Hey Sie", hörte sie schon die Stimme einer aufgebrachten Kundin im Supermarkt durch den Großmarkt rufen, „hab ich Sie nicht gestern am Busbahnhof gesehen? Ja, das waren doch Sie, oder nicht? Sie hatten eine kleine Taschenlampe dabei und haben in die Mülleimer geleuchtet. Ich hab auf den Bus gewartet, als ich gesehen hab, wie Sie die Bananenreste von der Cola-Dose weggewischt haben. Warum machen Sie die überhaupt sauber? Damit die Automaten den Strichcode lesen können? Sammeln Sie viele Flaschen am Tag? Brauchen Sie das? Lohnt sich das?"

‚Wenn *er* sie heute so sehen würde', dachte sie sich, während sie den Schlüssel umdrehte. Schämen würde er sich für sie.

Sie durchschritt den Flur und wartete auf den Aufzug. Als dieser sich surrend öffnete, stand ein Junge darin, mit Mütze auf dem Kopf und Musik im Ohr. Er sah sie kurz an. Der Junge mochte vielleicht 13 Jahre alt sein. Für einen kurzen Moment überkam sie die Idee, ihn zu umarmen, ihn fest an sich zu drücken und seine Wärme zu spüren. Sie hätte seine Großmutter sein können und beide würden gemeinsam im Park spazieren gehen. Der Junge würde ihre Hand nehmen und seiner ergrauten Oma von der Schule erzählen. Und sie. Sie wäre stolz auf ihn. Nach dem Spaziergang würde ihr Junge sich losreißen und zum Bolzplatz zu seinen Freunden rennen.

Und sie, sie würde sich auf die Parkbank setzen, auf der *er* bereits saß. Ihren Kopf auf seine Schulter gelegt, würde ihr der strenge Geruch seines After Shaves in die Nase kriechen und anfangen zu kitzeln, bevor dieser Geruch von dem seiner warmen, rauen Haut verdrängt wird. Schließlich würde sie mit einem

Lächeln im Gesicht ruhig einschlafen.

Sie öffnete die Augen. Völlig in die Musik vertieft, schlenderte der Junge an ihr vorbei und verließ das Gebäude. Ein sehnsüchtiges Schluchzen stemmte sich gegen ihren Brustkorb und versuchte herauszubrechen. Sie unterdrückte ein Wimmern und verdrängte eine aufkommende Träne. Dann ging sie in die Stadt.

Es war 21.00 Uhr am Abend, als sie ihre kleine Taschenlampe hervorholte und in den ersten Abfalleimer hineinsah. Sie machte sich auf zum Hofgarten, sie kannte die guten Stellen. Dort, wo all die jungen Leute saßen, Sixpacks Bier tranken und Wodka-Multivitaminsaft aus großen PET-Flaschen schlürften, da gab es eigentlich immer etwas.

Sie mochte die Studenten. Meist waren sie nett und winkten freundlich, wenn sie mit ihrer Tüte in der Hand auf sie zukam. Zusammengewürfelt auf großen Baumwolldecken, lagen die vielen jungen Menschen in kleinen und großen Gruppen zusammen. Junges Glück. Manche hatten Musik dabei und beschallten die halbe Wiese, andere wiederum saßen nur beisammen, redeten über ihren Tag und tranken Bier.

In gebückter Haltung ging sie scheu auf die erste Gruppe zu.

„Ah, hallo", sagte einer von ihnen, als er sie kommen sah. Der Junge hatte sich freundlich vor ihr aufgebaut. Er hatte schulterlanges Haar und trug ein grasgrünes T-Shirt.

‚Chamäleon', dachte sie.

„Flaschen wollen Sie, nich'? Ja, liegen da drüben, wir haben gerade eh leer gemacht, die können Sie haben, wenn Sie wollen."

Sie bedankte sich durch kurzes Nicken und ging auf die Flaschen zu. Als sie die erste grüne Beck's-Flasche emporhob und sich die letzten Sonnenstrahlen des Tages im Glas brachen, hörte sie, wie die Jungs und Mädchen hinter ihr tuschelten und leise lachten. Als sie sich umdrehte, sah sie den Jungen mit den schulterlangen Haaren, wie er feixend vor seinen Freunden stand und breit grinsend auf sie zeigte. Sie lachten sie aus.

‚Chamäleon', dachte sie und verließ den Hofgarten. Chamäleon.

VON HÄSSLICHEN ENTEN UND MEGAN FOX

Langweilig. Irgendwie ist das alles langweilig. Seit ich diese Ferienarbeit mache, ist jeder Tag von 6.15 Uhr bis 14.30 Uhr der gleiche. Gut, es gibt bei der Kommissionierung schon mal ein paar Besonderheiten. Dann stehen im Lager anstatt hässlicher Stoffdecken mit Eulenmuster, hässliche Stoffdecken mit Entenmuster im Karton. Aber was ist denn der Unterschied. Ich nehme die Dinger kurz in die Hand, schaue die hässliche Ente an und denk mir: Oh wow! Eine hässliche Ente.

Und dann schnaubt hinter mir auch schon Werner, der immer schnaubt, wenn ich zu langsam arbeite. Ich scann das Ding kurz ab, werfe es in den Wagen und gehe rasch ein Regal weiter, um den nächsten Karton zu öffnen, weil Werner den Job schon sehr viel länger als ich und mir vor allem etwas Angst macht.

Das alles ist langweilig. Ich stehe um 5.00 Uhr morgens auf, nehme um 5.23 Uhr den Bus, grüße den Busfahrer nicht, setze mich nach vorne links, zieh meinen Kapuzenpulli über den Kopf und schlafe die dreißigminütige Busfahrt über. Um 14.30 Uhr gehe ich aus dem Lager, warte auf den Bus, grüße den Busfahrer nicht, setze mich nach vorne rechts, weil vorne links immer dieselbe alte Dame sitzt, ziehe den Kapuzenpulli über den Kopf und schlafe die dreißigminütige Busfahrt über. Langweilig.

Warum ist denn eigentlich immer alles nach einer gewissen Zeit so langweilig? Klar, am Anfang ist alles so interessant und spannend, selbst die Ferienarbeit.

Müde aber aufgeregt bin ich das erste Mal in den Bus gestiegen, hab das große Firmenlogo bewundert, genau zugehört, was mir beim Einweisen gesagt wurde und war erstaunt darüber, wie krass viel schneller Werner ist als ich. Und wie stark er mich anschnauben kann. Aber irgendwann ist dann doch alles nur Alltag. Selbst Großartiges, Einmaliges wird nach kurzer Dauer langweilig. Und dann ist Megan Fox halt nicht mehr Megan Fox, sondern eben nur noch deine Freundin. Und nachdem du dir zehn Jahre lang mit Kleenex-Packungen bei runtergezogenen Rollläden und Fake-Celebrity-Schmuddel-Seiten vorgestellt hast, wie sie wohl nackt aussieht, weißt du es jetzt und stellst fest: Naja. Sie ist halt eine ganz normale Frau. Nur etwas anstrengend. Und sie hat zweiundfünfzig Millionen Facebook-Fans. Aber selbst das ist langweilig.

Würde Megan Fox sich die Kommentare unter ihren Bildern durchlesen, würde sie sich beim ersten Mal vielleicht noch denken: ‚Hoppla. Das ist aber nicht so nett‘, oder: ‚Hoppla. Das ist aber zu nett‘. Aber würde sie das jeden verdammten Tag machen, wäre das auch langweilig, weil die Kommentare sich wiederholen. Sie wiederholen sich genauso, wie die aufgehende Bustür, mein Nichtgrüßen des Busfahrers, das Aufschneiden der Kartons, das Herausholen der Ware, das Abscannen, die kleinen Rotzefäden, die aus Werners schnaubender Nase herauskatapultiert werden und klebrig-nass an meinen Nacken klatschen, das alles wiederholt sich.

Und es ist langweilig. Fragt man mich nach Ereignissen in den letzten sechs Wochen Ferienarbeit, kann ich nur sagen: An dem einen Tag hab ich mal Anschiss bekommen, weil ich den Container nicht voll genug gemacht hab. Das war's.

Würde ich dort fest arbeiten, würde mein Tag erst nach 14.30 Uhr losgehen, aber auch erst, nachdem ich von meinem Platz rechts aufgestanden und aus dem Bus ausgestiegen bin. Erst dann könnte ich frische Luft durch meine Lunge ziehen und sagen: „So. Jetzt lebe ich.“

Aber das alles muss nicht sein. Wir müssen alltags-kreativer werden. Irgendwas machen, um mit den immer gleichen Schemata zu brechen. Auf ein *Willst-du-mit-mir-gehen*-Zettelchen neben „Ja“ und „Nein“ einfach mal „Elefant“ schreiben. Einfach, weil es keinen Sinn macht. Und um zu gucken, ob das jemand ankreuzt, um sich dann etwas Spontanes drauf einfallen zu lassen. Wir sind unkreativ. Wir führen aus, was wir machen sollen und gewöhnen uns aneinander. Einfach mal Megan Fox' Facebook-Account benutzen und ein Selfie mit Werner posten, mit der Bildunterschrift: „My new boyfriend: Werner from the NKD-Lager in Bindlach." Anderthalb Millionen Menschen gefällt das.

Ist doch super. Dann würden Megan und ich im Bett liegen und uns halbtot lachen und hätten unseren Spaß und würden knutschen und dann würden wir uns wieder wie frischverliebt fühlen, so wie früher, es wäre wieder was Besonderes. Es wäre nicht wieder dieses ich-mach-mein-Ding, du-machst-dein-Ding. Es wäre unser Ding. Und es wäre kreativ und anders und es würde mir zeigen, dass es Sinn macht. Weil wir besonders sind und uns das zeigen. Wir zeigen es nicht den fünfundsechzig Millionen Facebook-Fans, sondern wir zeigen es uns. Nur wir zwei auf dieser Bettdecke, mit dem aufgeklappten Laptop. Und auf ihrer Startseite rasten die fünfundsechzig Millionen Fans komplett aus.

Im Alltag merkt man gar nicht, wie träge man wird. Man macht halt. Und es funktioniert. Klar, natürlich kann nicht jeder Moment etwas ganz Besonderes, Einzigartiges sein. Denn sonst ist das Besondere alltäglich und wäre dann auch nur Alltag.

Aber lass doch nicht ständig im Trott untergehen, in immer denselben Abläufen, denn wir sind keine Maschinen.

Einfach mal mit Werner in der Pause quatschen: „Was geht. Und warum bist du eigentlich so schnell?"

Einfach mal den Busfahrer grüßen, einfach mal nicht Megan Fox anhimmeln, sondern das Mädchen, was dir in der Cafeteria schon öfter aufgefallen ist.

Und dann einfach mal anquatschen. Und wenn du dann vor ihr stehst, mit zitternden Knien und nicht weißt, was du sagen sollst, dann erzähl doch einfach von der Ferienarbeit.

Oder schieb ihr einen Zettel zu, mit der Aufschrift:
Willst du mit mir gehen?
Ja   ( )
Nein   ( )
Elefant ( )

WENN DAS SEMESTER ANBRICHT

Semesteranfang. Es ist doch jedes Jahr dasselbe. Da sitzt man Anfang Oktober in dieser verranzten Bayreuther Kneipe, um kurz vor Semesteranfang noch mal in Ruhe mit seinen Freunden durchzuschnaufen und anderen „nicht so guten Freunden" das ein oder andere Bier auszugeben, damit diese später eventuell deine Hausarbeit korrekturlesen, und dann hat man es endlich nach Stunden geschafft, mit demjenigen Kommilitonen, der später deine Hausarbeit korrekturlesen soll-wird-müssen, zu *zweit* an der Bar zu sitzen, hat *ihm* und sich gerade ein Bier gekauft, und fängt an, über dieses „ach so blöde Seminar" zu reden und fügst fast wie nebenbei hinzu: „Ach ja, ich hab da auch 'ne Hausarbeit geschrieben und bin mir ja jetzt nicht so sicher, aber du, du bist doch so gut. Du bist so gut, du bist so gut, meinst du nicht, du könnest da vielleicht ...?" Und dann kommt da ein Trupp betrunkener Erstsemestler in die Kneipe gepoltert und alles ist vorbei. Die haben nämlich Frauen dabei. Und dann dreht sich der Kommilitone, den du schon fest als Lektor eingeplant hattest, einfach um und setzt sich auf die Couch zu den drei Erstsemester-Studentinnen, die alle neu in der Stadt sind, unbedingt Freunde suchen und das erste Mal alleine wohnen und hört sich ins Dekolleté-starrend an, wie die Kneipentour so war, dass jetzt alle schon betrunken sind, obwohl es doch erst halb zwölf ist, und wird gefragt, wie das denn so in höheren Semestern sei, ob man da schon Schlüssel für die Hörsäle bekommen würde, und wie das mit dem Vorlesungsverzeichnis funktioniert, ob sie auch Kurse anderer Fachrichtungen belegen könnten, zum Beispiel in Astrologie. Weil Jasmin ja vom Sternzeichen Löwe sei und sie alle wollen wissen, wieso eigentlich.

Und: Ob er denn die Fachschaft kennen würde.

Und: Ob Bayreuth wirklich so lahm sei.

Und: Wie die WG-Partys so wären.

Und: Wie die Klausuren denn so laufen würden.

Und: Ob man da aufs Klo gehen könne.

Und: Wie das überhaupt ist, in der Uni aufs Klo zu gehen.

Und: Wie das überhaupt so ist, in die Uni zu gehen.

Und: Wie das überhaupt so ist, aufs Klo zu gehen.

Und: Wie das in einem Hörsaal so ist, wenn einfach nur mal einer redet und alle anderen die Klappe halten und ihr Bier trinken!

Du sitzt dann da, ganz alleine an der Bar und hast zwei Biere in der Hand und beobachtest mit traurigem Blick, wie dein Korrektur-Kommilitone sich einfach rübergesetzt hat und du weinst ein wenig. Und alles, was dir *dann* noch übrig bleibt, ist genau *das* dem einzigen männlichen Erstsemester-Studenten zu erzählen, der sich gerade jetzt neben dich an die Bar gesetzt hat und dich mit glasigen Augen anguckt.

„Hä?", sagt Frank neben mir. Dann kotzt er mir auf die Schulter. Und wenn du dir dann, nachdem alle aus der Kneipe rausgeschmissen worden sind, mit Franks Kotzflecken am Arm eine Kippe ansteckst, obwohl du überhaupt nicht rauchst, aber du immer schon mal der coole Typ, den alle nach Zigaretten fragen, sein wolltest, kannst du einmal im Jahr im Oktober der coole Typ mit der Ortskenntnis und den Zigaretten sein.

Und wenn diese Nacht dann an- und Frank – neunzehn Jahre alt, angehender Chemiestudent aus Magdeburg – mir auf die Schulter bricht, dann weiß ich wieder: Es ist Semesteranfang. Und ich hab meine Hausarbeit noch nicht korrigiert.

WENIGSTENS MAL MIT DIR FRÜHSTÜCKEN

‚Das hier ist mit Abstand die unangenehmste Situation meines Lebens', denkt er sich und schaut durch ein halb gefülltes Glas Orangensaft über den halbherzig gedeckten Frühstückstisch zu ihr. Sie spricht nur Französisch und er versteht nur Spanisch.

Er war zu ihr gegangen, als er in dieser grauenvollen Diskothek zwischen all den parfümierten und auf Hochglanz polierten Menschen seine Ex-Freundin gesehen hatte, die es weder nötig gehabt hätte, Parfüm zu benutzen, noch sich besonders zurechtzumachen. Trotzdem hatte sie sich vorige Nacht schick – und ihn damit vor allem fertiggemacht. Nicht allein die Tatsache, dass sie da war, hatte für einen kurzen Moment seine Welt angehalten und eine Video-Kassette voller Erinnerungen zurück und wieder abgespult, nein, sie lächelte noch genauso viel wie damals, nur – und das hatte ihm den Rest gegeben – nicht zu ihm herüber, sondern zu diesem grotesk hässlichen Typen, mit dem sie gekommen war.

Er hatte nicht gesehen, ob sie sich geküsst hatten, zum Glück nicht, denn sonst hätte er wohl direkt kotzen müssen. Obwohl er nicht wusste, und es ihn auch überhaupt nicht interessierte, wer der Typ war – wer war der überhaupt? Und warum sah der so scheiße aus? So wusste er doch, dass der nie wissen würde, wie schön sie war, denn das, das konnte nur er wissen.

Aber egal, es war eh alles zu spät gewesen. Also war er an die Bar gegangen, zu dem Mädchen, das er jetzt durch sein Orangensaft-Glas ansieht. Er hatte irgendwas Lustiges gesagt, sie hatten zusammen getrunken, dann waren sie zu ihm gegangen und hatten gevögelt. Wie ein Fisch an einer Angelschnur hatte sie sich bewegt und er hatte nicht gewusst, was er tun sollte, also tat er so wenig wie möglich und so robbten sie beide aufeinander herum, hilflos-traurig und stumm wie Quallen, die von Kindern am Nordseestrand herumgeworfen werden.

Zwei Menschen auf der Suche nach dem großen Kick des One-Night-Stands, zwei Menschen, eigentlich auf der Suche nach der einen großen Liebe, nur irgendwann von der Hauptstraße falsch abgebogen und ausgestiegen.

Ihre Brüste waren unterschiedlich groß, hatte er in der Nacht erschreckt festgestellt. Er war von ihr runtergerutscht und hatte sich sehr schnell umgedreht. Und als sie im Schlaf nach ihm griff und ihn umklammerte, da drehte er sich weg, dachte an den Geruch seiner Ex-Freundin und schlief lächelnd ein.

Und jetzt, jetzt sitzen sie sich gegenüber, starren sich dümmlich-schüchtern an und wissen nicht, worüber sie reden sollen. Er fragt sie auf Englisch, ob sie gut geschlafen habe, und weil es das Einfachste ist, lügt sie und sagt: „Yes."

‚Das hier ist mit Abstand die unangenehmste Situation meines Lebens', denkt sie sich und schaut über den spärlich gedeckten Frühstückstisch zu ihm rüber, der gerade sein Orangensaft-Glas abgesetzt hat und sie jetzt ansieht.

Im Wohnheim hatte es eine Geburtstagsparty gegeben und sie alle waren nach gefühlt hundert dämlichen Trinkspielen geschlossen in diesen Club gegangen. Sie wohnte noch nicht lange dort und war froh gewesen, als ihr finnischer Nachbar fragte, ob sie denn nicht auch mitkommen wolle. Sie fand das sehr nett, und obwohl sie sich vorgenommen hatte, sich während ihres Auslandssemesters nicht zu verlieben, hatte sie dieses leichte Kribbeln im Bauch gespürt, als sie nach dem Verzehr von zu viel Bier, Jägermeister und Wodka loszogen, die noch voll befahrene Straße überquerten und er dabei ihre Hand hielt.

Später am Abend änderte sich alles. Sie hatten weiter getrunken und getanzt. Der Finne war schon ziemlich besoffen und versuchte irgendwann, sie auf den Mund zu küssen, was sie aber nicht wollte, denn dafür gefiel er ihr einfach zu gut und das war es ihr nicht wert. Und weil er besoffen war, hatte er irgendwann keine Lust mehr gehabt, wandte sich von ihr ab und tanzte einfach irgendwen anderes an.

Der Typ, den sie später an der Bar getroffen hatte und mit dem sie jetzt versuchte, sich zu unterhalten, war lustig gewesen. Er hatte versucht, „je t'aime" zu sagen und wirkte dabei so armselig, dass es fast schon wieder süß war. „Je t'aime, mon cherie", hatte er gelallt und dabei etwas gesabbert.

Doch dann sahen sie sich kurz an und mussten schmunzeln, weil beide wussten, dass sie beide etwas suchten, was gerade oder für immer keine Lust darauf hatte, von ihnen gefunden zu werden.

Irgendwann hatte er ihre Hand genommen und sie waren zu ihm gegangen. Die Küsse waren versucht leidenschaftlich, aber vor allem waren sie nass. Und als er über ihr lag und sie in sein Gesicht sehen konnte, da wabbelten beide unkoordiniert hin und her, wie Fische, die man aufeinandergelegt und denen man gesagt hatte: „Los, paart euch!"

Als sie fertig waren, drehte sie sich um, und als sie von dem Finnen aus dem Wohnheim träumte, da griff sie instinktiv nach ihm, hielt sich an ihm fest und schlief ein.

Und jetzt, jetzt sitzen sie sich gegenüber, lächeln sich dümmlich-schüchtern an und wissen nicht, worüber sie reden sollen. Wie er denn geschlafen habe, fragt sie auf Englisch, und weil es das einfachste ist und zudem fast das einzige Wort, was er auf Französisch kann, sagt er: „Bien."

Und so sitzen sie in dieser kahlen Wohnung, und während sie peinlich berührt frühstücken, ahnen beide nicht, das unweit von ihnen, in genau derselben Stadt, gerade genau das Gleiche passiert. Dass irgendwo ein finnischer Erasmus-Student, während er wortlos mit einem fremden Mädchen frühstückt, an die süße Französin aus dem Wohnheim denkt und dass irgendwo anders eine besonders schöne Frau mit einem besonders hässlichen Typen frühstückt und sich fragt, warum ihr Ex gestern nicht mit ihr geredet hat.

Niemand von ihnen ahnt, dass alles hätte anders ausgehen können, wenn doch nur einer von ihnen in der Nacht zuvor den Mut aufgebracht hätte, den Mund aufzumachen und so etwas zu sagen wie:

„Du, du bist schön und ich, ich mag dich. Also stell dich nicht so an und lass mich mal eben dein Leben verändern und wenn nicht, dann wenigstens mit dir frühstücken."

ROLLENBILDER

7.10 Uhr.

„Ich glaub', wir sollten nächste Woche noch später kommen", sage ich zu Max und setze meinen Kaffee ab.

Natürlich hätten wir immer schon um sieben Uhr auf der Arbeit sein sollen, im ersten Monat mussten wir allerdings feststellen, dass Theorie und Praxis bei den Dienstzeiten weit auseinanderlagen und dass, wenn die Schule um acht Uhr losging, wir mit den Kindern frühestens um halb acht losfahren mussten. Somit war die erste halbe Stunde komplett unnötig, allerdings gab unser Chef uns zu verstehen, wir sollten die erste halbe Stunde dann doch bitte zur Besprechung des Dienstplanes nutzen, was wir dann auch pflichtbewusst taten.

„Also", sagt Max und ergreift das Wort. „Wir machen es wie immer. Du fährst das Mädchenhaus. Stefan und ich die Kinder aus Haus Sieben. Wir treffen uns dann gegen zehn zum Fernsehen und ab zwölf holen wir dann die ersten Kinder wieder von den Schulen ab. Einverstanden?"

„Einverstanden", antworte ich und schaue auf die Uhr. 7.12 Uhr. Der Dienstplan ist zu Ende besprochen. „Wo ist denn eigentlich Stefan?", frage ich Max und schenke mir Kaffee nach.

„Alter", sagt Stefan von hinten. Er steht in der Bürotür von Haus Sieben und hat die Augen so weit aufgerissen, wie Macaulay Culkin in der Rolle des *Kevin allein zu Haus*, als sich dieser das Rasierwasser seines Vaters ins Gesicht gespritzt hat und bemerkt, dass es brennt.

„Morgen", sagt Max, „du bist zu spät. Wir haben gerade den Dienstplan zu Ende besprochen."

„Alter!", sagt Stefan erneut und holt tief Luft. Er sieht bleich und verstört aus. Diesmal erinnert er mich einfach nur an den erwachsenen Macaulay Culkin.

„W … ww … wir haben Gehalt bekommen!", stottert er und hält sich am Türrahmen fest.

„Was?!", frage ich und schrecke auf. „Jetzt schon?"

„Ja Mann, es ist der Erste!" Stefan deutet auf den Wandkalender. Blitzschnell springe ich vom Stuhl auf und öffne das Browserfenster am Computer. Einige Klicks später sehe ich die Zahl auf meinem Girokonto. Sie ist dreistellig. Und beginnt mit einer Sechs. Unglaublich.

„AAAAH!!!", brülle ich euphorisch und zeige den beiden anderen meinen Kontostand, während ich mir wie ein Affe auf den Kopf haue. Freudig erregt tanzen wir einige Minuten lang wie Geisteskranke in einem Halbkreis um den Computer herum. Dann kommt ein Kind herein, es scheint Justin oder Dustin zu sein und will irgendetwas von uns, aber wir werfen ihn hinaus, weil das hier ein Büro und kein Kinderspielplatz ist und wir noch den Dienstplan zu Ende besprechen müssen. Nachdem unser Freudentanz beendet ist und uns allen bewusst geworden ist, wie reich wir in Zukunft sein werden, überlegen wir uns, was wir mit dem ganzen Geld anstellen könnten. Da wir uns nicht einig werden, ob wir uns eine Boa constrictor oder eine Riesenschildkröte für die Arbeit kaufen sollten, entscheiden wir uns ganz einfach für drei ferngesteuerte Minihubschrauber. Das klingt erwachsen.

7.20 Uhr. Ich verlasse Haus Sieben und gehe zum Mädchenhaus. Gestern lief *Frauentausch* im Fernsehen, also ist Jennifer der festen Überzeugung, dass Katja, die Erzieherin von Haus Sieben, gestern getauscht wurde, und weigert sich alles zu tun, was Katja ihr sagt. Angefangen beim Aufstehen.

„Ich lass mir von getauschten Frauen nichts sagen", ruft Jennifer aus ihrem Zimmer.

„Jennifer, du musst in die Schule", hält Katja dagegen und rüttelt an ihrer verschlossenen Zimmertür.

„Ich lass mir von getauschten Frauen nichts sagen", bekräftigt

Jennifer ihren Standpunkt. „Ich hab dich genau gesehen, das warst du. Da stand Katja und die hatte genauso Haare wie du! Du hast deine Kinder im Stich gelassen und bist zu einem fremden Mann gegangen, wie kannst du nur ..."

„Das war ich nicht, Jennifer", sagt Katja. „Das war eine andere Frau, die auch Katja hieß. Es gibt mehrere Katjas auf der Welt! In deiner Klasse gibt es doch auch eine andere Jennifer, oder?"

„Ja, aber die ist voll doof!", sagt Jennifer. „Die heißt nur so, um so zu sein wie ich."

Um der Diskussion zu entgehen, setze ich mich in die Küche. Immerhin gibt es hier Kekse.

„Hallo", sagt ein anderes, älteres Mädchen und setzt sich zu mir. Sie ist ungefähr zwölf Jahre alt und ihr Schlafanzug ist mit Teddybären bedruckt. Zur Schule fährt hier wohl heute keiner mehr.

„Hallo", sage ich und versuche zu lächeln.

„Die Jenny nervt voll", sagt das mir unbekannte Mädchen und nimmt sich einen Keks. „Die denkt, die Katja war gestern bei *Frauentausch*, dabei war die doch gestern Abend hier und wir haben Spaghetti Bolognese gekocht, wie soll das gehen, voll unrealistisch."

„Danke", sage ich zum Teddybären-Schlafanzug-Mädchen, gehe zu Jennifers Zimmer und rufe herein: „Hey Jennifer. Die Katja hat doch gestern Abend mit euch Spaghetti Bolognese gekocht, wie soll die da bei *Frauentausch* gewesen sein, wie soll das gehen, voll unrealistisch!"

„Das ist ...", ertönt es aus dem Zimmer. Dann verstummt Jennifer und nach einigen Minuten geht die Tür auf. Jennifer tritt angezogen und mit gepacktem Schulranzen hervor, sieht Katja an und sagt: „*Frauentausch* geht gar nicht! Das macht voll das Rollenbild. Männer können auch mal putzen. Mein Papa putzt immer, der würde niemals mit deinem Mann tauschen, weil er viel lieber ist und besser putzt als du, und würde auch seine Kinder nicht verlassen, nur damit er mal ins Fernsehen kann, so wie du!"

Zehn Minuten später sitzen Jennifer und ich im Auto.

„Meinste, das war echt nicht die Katja bei *Frauentausch* gestern?", fragt Jennifer nach.

„Nee", antworte ich, „so was macht die nicht."

„Gut", sagt sie, „das wär nämlich voll asozial."

In der Mittagspause lassen wir unsere Hubschrauber im Gemeinschaftsraum fliegen. Im Hintergrund läuft *Frauentausch*. Günther, einer der Erzieher aus Haus Sieben, kommt herein und fragt uns, was wir da machen.

„Pause", sagt Stefan und lässt seinen Helikopter kurz unterhalb der Decke schweben.

„Cool", sagt Günther und betrachtet wie hypnotisiert den in der Luft schwebenden Helikopter. „Geiles Teil! Und was schaut ihr da?"

„*Frauentausch*", sage ich. „Die Wiederholung von gestern. Kuck mal, die eine sieht aus wie die Katja vom Mädchenhaus, oder?"

„Tatsache", pflichtet er uns bei. „Wobei. Nee, die Katja da putzt besser als die Katja vom Mädchenhaus. Also wie deren Küche immer aussieht, einfach unglaublich." Günther schüttelt den Kopf und geht.

„Hey", rufe ich ihm hinterher, „Männer können aber doch auch ruhig mal putzen!"

Er dreht sich um, lächelt mich an und schüttelt immer noch den Kopf.

Aber das macht voll das Rollenbild, sagt Jennifer vor meinem geistigen Auge und hat damit ziemlich wahrscheinlich recht.

ÜBER DIE ERNSTHAFTIGKEIT VON ROLLENSPIELEN

Der Zwerg muss sterben. Das ist allen klar. Natürlich hätte ein Zwerg niemals einen Hohepriester der Göttin Rondra einfach so mit seinem schweren Eichenschild ausgeknockt und ihn anschließend mit einem riesigen Hammer das Gesicht zerschmettert. Natürlich nicht, das weiß jeder. Zwerge sind jähzornig und aufbrausend, aber gerade dann, wenn sie mit einem Weißmagier sowie einem Garether Krieger unterwegs sind, dann bewahren sie Haltung und tun derartige Sachen nicht. Nein, das tun sie nicht, das gehört sich nicht, selbst wenn sie betrunken sind und Zwerge sind sehr oft betrunken, selbst dann tun sie so etwas nicht. Somit ist uns allen klar: Der Zwerg muss sterben. Das Problem dabei: Der Zwerg bin ich.

Missmutig schaue ich in die Gesichter meiner herpestragenden Mitspieler und bettele mit starrer Miene um Gnade.

„Naja", sagt Torsten, der den Spielleiter – den sogenannten Meister – verkörpert und sich hinter einem verzierten Pappschild mit Drachenornamenten versteckt, von dem aus er unsere Heldendokumente sowie einige Regelwerke und eine Landkarte von Aventurien gelagert hat, und schaut traurig auf das Heldendokument von Bufbra Sohn des Brufba, meinem Zwergen. „Naja", wiederholt er und seufzt schwermütig. Dann fasst er die grausame Wahrheit zusammen: „Es hilft nichts, der Zwerg muss sterben."

„Ihr seid voll blöd", blaffe ich meine Mitspieler an und haue auf den Tisch, woraufhin das Heldendokument von Alrik hinunterflattert und Martin mich sehr böse anschaut. „Ihr seid voll blöd", wiederhole ich, und weil keiner etwas sagt, greife ich zur Flasche Met, die auf dem Tisch steht, und verlasse den Wohnwagen.

Als ich nasses Gras unter meinen nackten Zehen spüre, fällt mir auf, dass ich vergessen habe, mir Schuhe anzuziehen. ‚Aber jetzt, jetzt geh ich bestimmt nicht mehr rein und zieh mir welche an', denke ich mir, ‚denn jetzt, jetzt bin ich richtig wütend.' Und wütende Menschen ziehen keine Schuhe an, wütende Menschen trinken. Genau wie Zwerge. Und ich, ich bin ein Zwerg, schießt es mir durch den Kopf, als der Honigmet durch meinen Kopf schießt und ich wütend auf der Fußablage vor dem Wohnwagen sitze und versuche, so wütend zu wirken, wie ein Zwerg nur wütend sein kann.

Eigentlich trinken wir alle keinen Alkohol, vor allem nicht Met. Der schmeckt einfach scheiße. Nach Bienensabber und Glühwein. Aber das ist bei uns momentan so eine Image-Sache. Wenn du fünfzehn Jahre alt bist, Rollenspiele spielst, Symphonic Poser Metal hörst und wirklich daran glaubst, dass Manowar eine total true Band sind, dann trinkst du auch Met und bildest dir auch noch ein, dass das schmeckt.

„Hey Nils", sagt Torsten, der die Tür des Wohnwagens aufgemacht hat und durch seine Brille hindurch blinzelnd herausschaut, „sag mal ... willste nicht wieder reinkommen? Ist doch bestimmt kalt da draußen?"

Es ist scheißekalt. „Nö", sage ich und setze die Flasche erneut an, „das passt schon. Zwerge frieren nicht. Auch nicht wenn sie sterben müssen."

Torsten schließt die Tür. Zwerge frieren nicht. Zwerge kennen aber auch kein Benehmen. Wenn ein Rondra-Geweihter die Frechheit besitzt, einem Zwerg irgendwas von seinen Göttern zu erzählen, dann ist es durchaus legitim, dass ein Zwerg ihm auch mal mit einem gezielten Hammerschlag den Schädel zertrümmert, es ist doch ein ROLLENSPIEL. Verdammt, ich will doch nur meine Rolle spielen.

Die Met-Flasche ist fast leer und in meinem Kopf dreht sich alles. „Hey Nils", sagt Torsten und schaut wieder aus dem Wohnwagen heraus. „Du, wir haben drinnen abgestimmt und Martin, Mike und ich, wir sind der Meinung, du solltest wieder mit reinkommen, und wir lassen den Zwerg jetzt nicht sterben, auch wenn der Rondra-Geweihte total wichtig für die Haupthandlung eurer Mission war, aber wir kriegen das schon irgendwie anders geregelt. Martin meinte auch, das wäre ja wirklich fies von uns, wenn wir ohne dich weiterspielen würden, immerhin ist es ja auch der Wohnwagen deiner Eltern, da musst du ja nicht unbedingt *nicht* mitspielen, wenn es sich vermeiden lässt."

Die Met-Flasche ist leer. „Okay", sage ich sichtlich erleichtert. „Geben wir dem Zwerg noch 'ne Chance."

Torsten nickt schüchtern, so wie er immer schüchtern nickt, weil er ein kleiner rollenspielender Nerd ist, und geht zurück in den Wohnwagen. Ich folge ihm und bin froh, dass ich von den drei verschwommenen Türen, die auf einmal alle da sind, anscheinend nur zweimal die falsche öffne und schließlich auf meinen alten Platz zurück falle.

„Alles okay?", fragt Martin mich.

„Halts Maul, Alrik", antworte ich, „Krieger sind voll schwul, vor allem die aus Gareth, ihr reitet doch auf Pferden oder? Bestimmt setzt ihr euch auch für das Bauern-Pöbel-Pack ein, ihr bescheuerten selbstverliebten Gutsherren", sage ich. Martin schaut auf den Boden und weint ein wenig.

„Alsooo gut", fängt Torsten an und übertönt damit Martins leises Schluchzen. „Wir haben ja gerade abgestimmt und wir sind uns alle einig geworden. Also Bufbra Sohn des Brufba wird jetzt nicht sterben, auch wenn er den Rondra-Geweihten mitten auf der Straße am helllichten Tag erschlagen hat, das werden wir jetzt dann lösen. Okay, also weiter geht's. ... Hmhmhm." Torsten räuspert sich kurz, versteckt sich hinter seiner Pappe, an deren Innenseite alle wichtigen Wurfwerte, Statistiken und Einheitsumrechnungen Aventuriens stehen, und setzt seine Spielleiter-Stimme auf. „Nachdem der Rondra-Geweihte also nun blutig vor euch liegt, kommen sehr schnell Wachen von der Stadt, die alles natürlich gesehen haben, und stellen sich vor dich, Bufbra", Torsten schaut mich an, „und bringen dich zur Wache."

„Nein", sage ich etwas geistesabwesend und frage mich, ob wir wohl noch eine weitere Flasche Met dabeihaben.

„Äh, wie bitte?", fragt Torsten und reibt sich irritiert die Brille.

„Nein", sage ich erneut nun mit festerer Stimme und schaue Torsten an. „Ich will nicht mit denen mit, ich hab doch nix gemacht."

„Niiils", sagt Mike und rutscht aufgeregt auf seinem Sitz hin und her, „wir haben doch gerade abgesprochen, dass du nicht sterben wirst, also mach doch keinen Blödsinn, geh halt jetzt mit den Wachen und alles wird gut. Wir zahlen Kaution und dann wird das schon funktionieren, die Mission darf nicht sterben, wir sind doch ein Team!!"

Die Wachen stehen genau vor mir. Ihre Visiere blicken auf mich herab wie auf einen Esel der ausgebüxt ist, und den sie mitnehmen wollen und den sie jetzt neugierig betrachten. Aber ich, ich bin kein Esel. Ich bin ein Zwerg. Sie wollen, dass ich mitkomme, sagen sie, na das können sie gerne haben.

„Neein", ruft Martin laut und vergräbt die Hände in seinen Kopf, nachdem mein Zwerg die beiden Wachen mit einhundertdreiundfünfzig Schadenspunkten verstümmelt hat und sich nun darüber hermacht, ihre Eingeweide zu essen.

„Was machst du da", fragt Torsten und glotzt mich durch seine blöde Brille an, „Zwerge essen überhaupt keine Menschen, was soll das?!"

„Ich schon", lallt Bufbra Sohn des Brufba, während er gerade auf dem Darm der ersten Wache mit seinen Zähnen herumkaut und seinen Mittelfinger Richtung Himmel streckt. Ich strecke meinen Mittelfinger in Richtung Torsten.

„Aber, aber wir haben doch gerade gesagt ...", fängt Torsten an.

„Lass ihn sterben", zischt Mike, „der macht nur das ganze Spiel kaputt."

Wild fange ich an, Alrik mitten auf dem Marktplatz zu küssen, doch der stämmige Krieger wehrt sich. Da mein Zwerg gerade in der richtigen Höhe ist, öffnet er Alriks Hose.

„Alter, was machst du da?!", fragt Mike aufgeregt.

„Ich spiele jetzt so, wie ich will!", sage ich, während mein Zwerg den Garether Krieger Alrik mitten auf dem Marktplatz vor einem toten Rondra-Geweihten und zwei toten Wachen oral befriedigt.

„Das geht nicht", sagt Torsten und schüttelt heftig den Kopf, „das kannst du nicht machen, das ist gegen die Regeln."

„Das ist *mein* Wohnwagen", sage ich, stehe auf und köpfe die zweite Flasche Met, „und hier bestimmte *ich* die Regeln."

Eine wunderschöne Prinzessin kommt des Weges entlang. Sie lächelt mich an, als sie über die zwei toten Wachen und den toten Rondra-Geweihten tritt, und zieht sich dann langsam aus.

„Nein, nein das macht sie nicht, das macht sie nicht, das macht keine Prinzessin mitten auf einem Marktplatz in Aventurien, das geht so nicht", sagt Torsten aufgeregt und errötet ein wenig. Die Situation eskaliert. Im Wohnwagen werden hektisch Regelwerke hervorgeholt, Würfel gerollt, Heldenblätter verglichen und laut um Hilfe gerufen.

„Du bist verrückt", sagt Martin und schaut mich mit feuerrotem Kopf an, während sein Magier sich erst selber mit seinem Fuß ins Gesicht tritt, dann auf seinen Zauberstab steigt und mit voller Wucht in einen, bis eben noch nicht dagewesenen Kirchturm kracht. Torsten erscheint auf dem Marktplatz. Er träg anstatt einer Unterhose ein Hühnchen zwischen den Beinen und gibt sich selber Kopfnüsse.

„Hallo, hallo Frau Frenzel?! Ja hier ist der Martin, und zwar ist es so, dass der Nils, also der hat den Met, den wir immer dabei haben, einfach getrunken und jetzt sabotiert der hier das ganze ..." Ich reiße ihm das Telefon aus der Hand und ringe ihn zu Boden. „Mir geht es gut, Mutter", röchele ich angestrengt in Martins Handy, „wir haben Spaß!" Derweil ist Bufbra Sohn des Brufba zu einem Drachen-Zwerg-Wesen mutiert, fliegt in die Höhe und verbrennt den Marktplatz.

„Was machst du", ruft Torsten panisch. Mike hält sich die Augen zu und wimmert leise. Das Drachen-Zwerg-Wesen zieht ein riesiges Schwert und sticht damit in den Himmel. „Tu das niiiiiiichhhht!!", brüllt Torsten in Zeitlupe, während ich mit meinem Schwert umher schlage und die gesamte Welt auf einmal vernichte.

Als ich erwache, dröhnt mein Schädel. Spuckefäden ziehen sich an meiner Lippe entlang und ich blinzele in ein helles Licht. Neben mir am Bett stehen Torsten, Kevin und Mike und schauen mich an.

„Was ... was ist geschehen?", frage ich nach und habe Angst vor einer Antwort. Nachdem sie mir erzählt haben, was passiert ist und das ich die ganze Welt zerstört habe, bin ich ein wenig traurig. Aber auch etwas stolz. „Tut mir echt leid Jungs", sage ich zu meinen Kumpels und blicke in Herpesgesichter, die auf ein Herpesgesicht blicken. „Ich hab echt das Wochenende versaut, was machen wir denn jetzt die ganze Zeit?"

„Kein Problem", sagt Torsten, rückt näher an das Bett heran und holt das Star Wars Pen & Paper-Rollenspiel hervor.

„Wie wäre es mit einem Rollenspiel?"

STILLSTAND

Milka hat schlecht geschlafen. Mühselig zieht sie ihre nackten Füße durch den mit Müll und Anziehsachen bedeckten Flur ihrer Wohnung und bahnt sich einen Weg in die Küche. Erdnussflips knacken unter jedem ihrer Schritte und die spröden, trockenen Krümel drücken sich in die Fugen des Parkettbodens.

Noch taub vom Morgen schlurft sie am großen Flurspiegel vorbei und erblickt aus dem Augenwinkel das Leinentransparent ihrer ersten Demo.

„Kein Mensch ist illegal", hatten sie damals mit schwarzer und roter Farbe auf den weißen Stoff geschrieben und sie waren voller Wut im Bauch und später mit Endorphinen im Kopf losgezogen, um etwas zu bewegen.

Wie bei einem Blick durch ein Zeitreise-Teleskop sieht sie sich für einen Moment wieder auf dem Boden ihres Wohnzimmers sitzen, damals. Die schulterlangen Haare noch blau gefärbt, saß sie neben Patrick und grinste ihn neckisch an, während sie gemeinsam das Leinen bemalten. Damals. Als er noch da, und alles so viel besser war. Kreuzfeld, nicht viel zielstrebiger als heute, aber doch weniger verzweifelt, kam aus der Küche, brachte neues Bier mit und setzte sich lächelnd zu ihnen. Katja und Ole waren in Milkas Zimmer verschwunden und hatten wohlwollend die Tür verriegelt, alle hörten sie natürlich und mussten lachen, als Katja ein orgiastisches Geräusch ausstieß.

„Kann ich noch mitmachen?", hatte Kreuzfeld im Scherz gerufen und sie lachten laut, auch Katja und Ole.

Milka ist in der Küche angekommen. Kreuzfeld liegt vor ihr auf dem Boden und wälzt sich unruhig in seinem muffig riechenden Schlafsack. Ein kleiner Fussel hat sich auf seinem Bart abgesetzt. Auf seinem Bart, der ihn wie einen Weihnachtsmann aussehen lässt oder wie einen – Milka zuckt zusammen, als ihr klar wird, woran sie gerade gedacht hat – wie einen Penner.

Sie sieht zu, wie der Fussel in seinem Bart beim Ausatmen nach vorn und beim Einatmen wieder zurück geweht wird. Vor und zurück, vor und zurück, stetig im gleichen monotonen Takt des Atmens.

,Jeder Mensch atmet doch gleich, ganz egal wer er ist, was er war, und wer er sein will', denkt sie. Der Fussel scheint unsichtbar gefangen zu sein, irgendwo zwischen Barthaar und Nasenloch. Und so bewegt er sich in vorgegebenen Radius vor und zurück. Vor und zurück. Kein Entkommen, keine Flucht.

Milka setzt Kaffee auf und geht zum Balkon. Mit beiden Händen umklammert sie den

dampfenden Kaffee und blickt gedankenverloren über die Hochhausfassaden der Stadt. In der Küche hört sie Kreuzfeld stöhnen. Er ist vollends wach. Bierflaschen-Zischen verrät ihn. Ihn, den Penner.

Milka seufzt tief in die Herbstluft hinein. Sie will weg. Fliehen. Fliehen vor der Gegenwart, die sie im Raum festhält und zu zerdrücken scheint.

Bilderstürme vergangener Zeiten rasen durch ihren Kopf. Streit im Jugendheim, ein Kuss versteckt zwischen Birkenblättern, der Parfümgeruch der Tante, die dann doch niemals sie, sondern nur ihr Gewissen besuchte. Der raue Ziegelstein in der linken und eine Entscheidung zu werfen in der rechten Hand. Das Klirren einer Fensterscheibe und eine gefällte Entscheidung. Ein blitzblank gescheuerter Gang, ein berechneter Vorgang beim Jugendrichter. Ihr siebzehnter Geburtstag zwischen abgestandenen Wodkaflaschen und leeren Versprechungen, sie würden für immer Freunde bleiben. Einsamkeit, Wehmut, Verzweiflung. Ein traumloses Einschlafen am Tag und ein verträumtes Erwachen in der Nacht. Hellgelbe Farbspuren, die als fliehende Sternschnuppen quer durch wummernde Technoclubs ziehen. Sie, wie sie nach ihnen greift. Und fällt. Absturz. Die erste Begegnung mit Patrick.

Auffangen. Speiche und Kreuzfeld, Katja und Ole. Ein ehrlich gemeinter Kuss und der warme Atem von jemandem, der gemeinsam mit ihr aufsteht, anstatt sie liegenzulassen. Patrick, wie er mit ihr morgens auf die erste U-Bahn wartet. Es ist Winter, aber seine Hand, fest verschlungen mit der ihrigen, ist warm und auch sein Mantel ist warm und sie küssen sich und sehen sich an und ahnen nicht, dass es niemals wieder so sein wird, wie jetzt genau in diesem Moment.

Denn heute: Stillstand.

Milka trinkt ihren Kaffee aus. Vom Balkon sieht sie hinab und blickt auf Köpfe, die sich ameisengleich durch die Stadt drängeln. Immer aneinander vorbei, immer in Bewegung.

Und doch ständig im Stillstand.

ÜBER DETERMINISMUS, HISTORISCH VORBELASTETE VORNAMEN UND KIM JONG-UNS VORLIEBE FÜR GEISTIG BEHINDERTE PINGUINE

„Also, Geli, ja?" Geli nickt eifrig, aber auch ein wenig schüchtern, ich kann das verstehen, schließlich ist es ja unser erstes Date. Wir hatten uns letzte Woche im Internet kennengelernt und was soll ich sagen, unsere Profile stimmten zu achtundneunzig Prozent überein. Fast perfekt.

Ebenfalls etwas nervös klammere ich mich an meinem Cola-Glas fest und versuche, mit etwas Nettem, Einfachen das Gespräch zu beginnen: „Hitlers Geliebte hieß auch Geli", sage ich. „Sie war sogar seine Halb-Nichte und hat sich dann erschossen, als er ihre Liebe nicht erwidert hat", füge ich hinzu, „aber du, du musst dich ja nicht gleich erschießen, denn ich bin ja auch gar nicht Adolf Hitler."

Ich lächle. Geli geht. „Blöde Cholerikerin", murmele ich in mich herein und schnappe mir ihren Kaffeebecher.

Diese Geli-Namens-Sache ist nun mal eine Tatsache. Hätten sich ihre Eltern ja auch früher überlegen können, ob sie ihre Tochter denn wirklich Geli nennen wollen oder eben nicht. Ich mein, so ein Name ist ja auch in den meisten Fällen eine Entscheidung fürs ganze Leben, da reicht einmal kurz Nachdenken nicht aus. Einem Neugeborenen einen Namen geben oder sich überlegen, welche Fleischwurst man jetzt einkauft, das sind zwei grundsätzlich verschiedene Dinge. So'n Name ist gar nicht so unwichtig für die Entwicklung des Kindes.

Meine Mutter hatte beispielsweise mal kurz überlegt mich Franz zu nennen. Franz Frenzel. Ich mein, das klingt ja schon nach jemandem, dem man in der großen Pause regelmäßig sein

Dinkelbrot klaut und anschließend den Kopf in der Schultoilette runterspült. Hart nach Opfer. So klingt das. Es ist nicht ausgeschlossen, dass frustrierte Eltern das auch mal gerne ausnutzen, ganz im Sinne von: „Boa, ist unser Kind hässlich geworden, ach komm, nennen wir es einfach Justin Pascal Dustin Prince, dann ist das Kind optimal auf sein Leben vorbereitet."

Damals in der Schule ging auch das Gerücht herum, unser Klassenkamerad Niko hieße nur deshalb so, weil sein Vater, Herr Thien, sehr viel Geld von einer großen Zigarettenfirma dafür bekommen hätte. „So ein Blödsinn", hatte der kleine Niko Thien vor versammelter Klasse gesagt, so wär' das doch gar nicht gewesen, damals. Trotz alledem musste er als Achtzehnjähriger in einem Marlboro-Werbeclip mitspielen, nackt eine Zigarette auf einem Pferd rauchen und dabei so tolle Sätze sagen wie: „Hallo, mein Name ist Niko, Niko Thien, ich rauche seit der achten Klasse Zigaretten von Marlboro und mir geht es prima."

Mir geht es jetzt gar nicht *prima*. Achtundneunzig Prozent. Zwei Prozent zu wenig. Wir waren perfekt. Fast perfekt. Und jetzt ist sie weg. Und das nur, weil ihre Eltern zu blöd waren, ihr einen anständigen, nicht historisch vorbelasteten Namen zu geben und sie damit nicht richtig umgehen kann.

This girl is on fire! She's walking on fire, ertönt es aus dem Radio und ich stelle mir unweigerlich vor, was das für ein Hit auf den Scheiterhaufen im Mittelalter gewesen sein muss.

She's walking on fire!

Wow, das ist ja echt total krank, ich mein *Can you blow my whistle baby?* ist zwar sexistisch, aber dieses sadistische Besingen von Hexenverbrennungen, das ist ja mal echt krass, aber so etwas fällt mal wieder keinem auf. „Wo ist da die Bundesprüfstelle für jugendgefährdete Medien?", fragt man sich da.

She's just a girl and she's on fire.

Ja, schon klar. Natürlich ist sie nur ein Mädchen, aber trotzdem wird sie verbrannt, so war das nun mal im finsteren Mittelalter, Dankeschön für die Geschichtsstunde Alicia Keys, das wusste ich schon. Rote Haare, ZACK! Scheiterhaufen. Einfach mal auf gut Glück verbrennen, denn *wenn* es tot ist, haben wir immerhin Gewissheit, *dass* es tot ist. So lief das damals. Da wurde erst im Nachhinein lange gefackelt.

Aber dieses vorurteilige Schubladendenken, das gibt es ja immer noch, zum Beispiel bei Menschen, die Jute-Beutel tragen. Jedenfalls habe ich noch nie erlebt, dass jemand mal für seinen tollen Spruch auf seinem Jute-Beutel gelobt wurde. So etwas wie: „Wow cool, auf deinem Jute-Beutel steht ja Ute-Beutel, und du heißt auch noch Ute! Das ist ja verrückt!", oder: „Kultur-Beutel, wow, ist ja irre, was für ein toller Spruch." Das sagt doch kein Mensch. „Scheiß Hipster nimm die Brille ohne Gläser ab, damit ich dir die Fresse polieren kann", – das schon eher. Der dumpfe Urmensch steckt eben immer noch tief in uns drinnen, das lässt sich vor allem an Karneval im Rheinland beobachten.

Wer jemals an einem Rosenmontag in Köln war, der hat eine ungefähre Vorstellung davon, was wirkliches Elend bedeutet. Amnesty International sollte nicht mehr länger für Hilfsprojekte in Ghana Spenden sammeln, sondern für Touristen, die auf Karnevalszüge ins Rheinland gehen und gar nicht erahnen können, worauf sie sich da einlassen: überall besoffene Piloten, die allen dumm dreinschauenden minderjährigen Polizistinnen unbedingt ihre Cockpits zeigen wollen. Na dann mal guten Flug.

„Geli geht garantiert auf Karnevalszüge", murmele ich in mich hinein und trinke den letzten Rest ihres Kaffees aus. Genau wie ich.

Achtundneunzig Prozent. Einfach unglaublich. Schon bevor ich sie überhaupt gesehen oder mit ihr gesprochen hatte, wusste ich einfach, dass wir zueinander passen werden. Andere würden das Liebe nennen, ich einfach nur einen gut programmierten Algorithmus.

Ein wenig traurig ist das ja schon. Alles ist so determiniert, so voraussichtlich, so offensichtlich, so kalkuliert. Nie passiert etwas Unvorhergesehenes. Man stelle sich nur mal eine Welt vor, in der Kim Jong-un sich als transexuell outet, Nordkorea verlässt und anfängt, auf dem Südpol eine Farm für geistig behinderte Pinguine zu errichten, einfach weil er vom fliegenden Spaghetti-Monster erleuchtet wurde und das jetzt seine neue Lebensaufgabe geworden ist.

„Zahlen?", fragt mich die soeben erschienene Bedienung und weckt mich aus meinen Gedankengängen.

„Nein", antwortete ich wahrheitsgemäß und stelle Gelis leeren Kaffeebecher vor mir ab. „Hitlers Halb-Nichte hat das bestellt. Ich glaube nicht, dass sie wiederkommt. Ich zahl meine Cola gerne, aber mit diesem braunen SS-Zeug will ich nichts zu tun haben. Davon möchte ich mich gerne distanzieren."

Die Bedienung nickt verwirrt und kassiert mich schließlich ab. Ich gebe ihr zwei Prozent Trinkgeld, damit wenigstens irgendetwas heute auf einhundert Prozent kommt, und gehe frustriert nach Hause.

Ach, Geli.

BARTEK WILL NACH HAUSE

Donnerstagabends muss immer einer von uns Zivis die Tages-gruppe nach Hause fahren. Im Gegensatz zu den anderen Häu-sern des Kinderheims werden die Kinder der Tagesgruppe nur tagsüber betreut, abends werden sie zu ihren Eltern oder nächs-ten Verwandten gefahren.

Diesmal bin ich dran. Die Tagesgruppenfahrt ist eine Tour durch die gesamte Stadt. Da jedes Kind woanders wohnt, ist man gut und gerne mal zwei Stunden unterwegs, bis man alle Kinder einzeln ausgeladen hat.

„Hallo Kinder", begrüße ich die kleine Meute von Acht- bis Zwölfjährigen, die alle mit ihrem Kindersitz in der Hand vor dem Tagesgruppenhaus ungeduldig warten. „Ich bin der Nils! Also dann mal alle einsteigen!"

Nach kurzer Absprache mit dem Betreuer, wohin ich denn fah-ren muss und der Klärung der für die Kinder existentiell wich-tigen Dinge im Auto, wer vorne sitzen darf und welche Musik gehört wird, geht es los.

„Ey!", sagt ein Junge von hinten. „Ich bin Bartek, Herr Zivi, falls Sie das nicht wussten. Sollten Sie wissen, weil jeder kennt mich hier in der TG, weil ich sage hier immer, was Sache ist."

„Hallo Bartek", sage ich. „Ich bin Nils, ich bin der Zivi, falls du das nicht wusstest. Und das solltest du wissen, weil jeder kennt mich hier im Kinderheim, weil ICH sage hier immer, was Sache ist."

„Okay, cool", sagt Bartek. Er scheint die Signale verstanden zu haben. „Machen Sie bitte Bushido an, Herr Zivi. Ich finde den so gut. Der fickt alle Fotzen weg, genau wie ich. Ich bin Bartek, falls Sie mich nicht kennen."

„Was du laberst, ey!", sagt Mirjam neben ihm und wirft ihm einen vernichtenden Blick zu.

„Ihr seid voll die Kinder, ey", sagt Dennis neben Mirjam, und rutscht dabei auf seinem Kindersitz hin und her. „Bitte Herr Zivi, machen Sie *King Orgasmus* an. Der dreht Pornos bei sich, voll cool der Typ!"

Ich lege die Philipp Poisel in den CD Player, um ein bisschen mehr Harmonie in die Gruppe zu bringen. Das wirkt nicht.

„Bitte hören Sie auf", sagt Bartek, nachdem Philipp ihm von seiner Liebe erzählt hat. „Meine Ohren bluten voll."

„Das ist voll schlimm, ey!", sagt Dennis und hat damit nicht ganz unrecht.

„Wie lange fahren wir noch?", fragt Mirjam und holt einen Kajalstift hervor, mit dem sie sich ohne Spiegel versucht zu schminken.

„Noch ein paar Minuten bis zu dir nach Hause ... Warum schminkst du dich?"

„Mein Freund kommt heute noch vorbei!", sagt Mirjam und steckt ihren Kajalstift wieder weg.

„Dein Freund? Aber, aber ...", stottert Bartek vor sich her und schaut Mirjam unglücklich an. „Aber ich dachte du und ich, das heute beim Plätzchenbacken, wir haben doch zusammen den Teig ..." Ich parke und Mirjam steigt wortlos aus dem Auto.

„Miiiiiieees, Bruder", sagt Dennis und klopft aufmunternd auf Barteks Schulter, der seine Hand aber abschüttelt.

„Lass mich Alter, bist du schwul oder was?! Fass mich nicht an, ich bin Bartek!"

Nach und nach bringe ich alle Kinder nach Hause. Die meisten wohnen in Siedlungen, in denen abends Mülltonnen brennen und in denen Menschen Aschenbecher auf die Balkonfenster stellen anstatt Pflanzen.

„Soll ich kurz mit an die Tür kommen?", frage ich Dennis, als ich in einer Gegend bin, in der ich mich selber nicht rauslassen würde.

Zwielichtige Gestalten betrachten argwöhnisch meinen blauen Bus. Die meisten hier wissen wahrscheinlich, dass ich im weitesten Sinne irgendwas mit dem Jugendamt oder irgendeinem anderen Amt zu tun habe und das wird hier nicht gern gesehen.

„Nee", sagt Dennis und steigt aus. Dann zeigt er auf jemanden, der vor einer brennenden Mülltonne steht und einen Schluck aus einer Bierflasche nimmt. „Da ist auch schon mein Papa!"

„Ey, Herr Zivi!", sagt Bartek, mit dem ich jetzt alleine im Auto sitze.

„Ja, Bartek?", frage ich.

„Ich bin voll krass. Ich habe jedes Mädchen schon geküsst in der TG und alle wissen, wer ich bin, denn ich bin Bartek."

„Ich weiß, Bartek", seufze ich vor mich hin und mache zu Barteks Begeisterung Bushido an. Wir fahren noch eine ganze Weile. Als ich in den Rückspiegel blicke, ist Bartek eingeschlafen und ich mache die Musik wieder aus. Nach einiger Zeit biegen wir in die Siedlung ein, in der sein Vater wohnt. Ich stelle den Wagen ab und mache das Licht im Auto an.

„Wir sind da, Bartek", sage ich und drehe mich nach hinten.

„Wo?", fragt Bartek.

„Na, bei dir zu Hause. Komm steig aus, ich muss den Wagen wieder zurückfahren."

Bartek löst seinen Gurt, zieht seine Jacke an und greift nach seinem Rucksack. Als seine Hand zur Autotür greift, hält er kurz inne und sieht mich an.

„Na hopp, raus mit dir! Ich habe nicht ewig Zeit!"

„Eh, Herr Zivi", sagt Bartek und sieht mich durch den Rückspiegel an. „Eh, können Sie ... also würden Sie eventuell ... weil ... ich, also ... Bartek will nach Hause und es ist voll dunkel und ..."

„Kein Problem, Bartek", sage ich, steige aus und begleite ihn händchenhaltend zu seiner Haustür. Als sich ein Geräusch im Flur nähert, lässt er meine Hand los und geht ein Stück vor. Sein Vater öffnet die Tür.

„Bartek ist zu Hause", sagt Bartek und dreht sich zu mir um. „Korrekt, dass du Bushido gespielt hast, Herr Zivi. Bushido ist cool, weil er fickt alle Fotzen weg!"

„Machs gut, Bartek", sage ich und fahre den Wagen zurück. Bartek ist zu Hause.

DIE SACHE MIT DEM DORSCH

Der Dorsch war geil. Sehr sehr geil. Das sexuelle Hingezogensein zu Tieren wird als Zoophilie bezeichnet. Zoophilie kann sexuelle Handlungen beinhalten, aber auch Vorlieben, die nur sekundär – manchmal gar unbewusst – der sexuellen Befriedigung des Menschen dienen. Sagt Wikipedia.

„Sehr sehr geiler Dorsch", sage ich und stehe am Tiefkühlregal. Der Dorsch ist nur in eine Plastikfolie eingeschweißt. Ich kann ihn und er kann mich direkt sehen. Ungefiltert. Uns stört kein lästiger Karton mehr, nein, seine nassen kalten, aber dadurch so geheimnisvollen schönen, wenn auch toten und etwas blutunterlaufen Augen starren mich intensiv an, so intensiv wie ein verschrecktes Reh, das auf der Straße steht und kurze Zeit später in Einzelteilen an meiner Stoßstange klebt. „Nimm mich mit", flüstert der Dorsch. „Nimm mich mit."

Ich bin einsam. Sehr einsam. Meine vorherige Beziehung ist am Gefrierfach gescheitert. Irgendwann war ich in den Urlaub gefahren, obwohl mir mein Fischstäbchen Vorwürfe machte, ich könne es doch nicht einfach alleine lassen, was wenn Einbrecher kommen würden, aber ich hatte nun mal meinen Freiraum gebraucht. Als ich zurück nach Hause kam, sah ich das Elend vor mir: Der Kühlschrank war durch einen Stromausfall ausgegangen, das Gefrierfach aufgetaut und meine Ex-Freundin, das Fischstäbchen, vergammelt.

Ich hatte geweint, lange geweint. Ich nahm sogar den Kühlschrank mit in die Dusche, ließ kaltes Wasser auf meinen Rücken laufen und schluchzte nackt und allein, nur mit dem Kühlschrank vor mir und dem toten Fischstäbchen in der Hand. Ich mochte diese dramatischen Hollywood-Momente und mein Fischstäbchen auch und so zerfiel es in meiner Hand. Als ich mit ansah, wie sich die Überreste des vergammelten Fischstäbchens im Abfluss auflösten, weinte ich noch lauter und drehte das Wasser noch kälter. Das war schön und traurig zugleich und ich fühlte mich so richtig nicht akzeptiert von niemandem. Außerdem hatte ich Liebeskummer.

Wochenlang konnte ich nicht einkaufen aus Angst, mich erneut zu verlieben. *Liebe.* Das Wort hatte sich zusammen mit meinem Fischstäbchen im Abfluss aufgelöst. Wenn ich loszog, um dann irgendwann doch noch einzukaufen, sah ich in den beleuchteten Regalen jetzt nur noch Lebens-Mittel und keine Lebens-Partner mehr. Sauerkraut war nur noch Sauerkraut. Würstchen waren nur noch Würstchen. Dorsche waren Dorsche.

Aber jetzt, genau in diesem Moment, stehe ich am Tiefkühlregal und schaue auf den Dorsch, der nackt vor mir liegt. Ich bin angezogen, noch, auch wenn es mich schon ein wenig reizt, seine kalten Schuppen auf meiner nackten Haut zu spüren und schaue auf ihn hinunter.

Er ist ein sehr sehr geiler Dorsch. Einer von denen, die keinen Karton um sich brauchen, eher so der Nudisten-Dorsch, der auch keine Unterwäsche trägt, sondern einfach so im Tiefkühlregal liegt und mir seine Kiemen zeigt. Einer, der dir nackt die Tür aufmacht, wenn du der Pizzabote bist. Einer von den Dorschen, die dich im Club erst anlächeln, und dann, wenn er merkt, dass du zurückschaust, arrogant wegguckt. Geiler Dorsch.

Ich hatte noch nie einen One-Night-Stand gehabt. Das Fischstäbchen und ich waren schon sehr lange ein Paar. Es war Liebe auf den ersten, pubertären *Fischstäbchen-in-die-Hose-stecken-und-schauen-was-passiert*-Blick. Wir waren sehr glücklich gewesen und sie hatte einen gutbezahlten Job im Gefrierfach angenommen. Sie war Platzhalterin und arbeitete mehrere Stunden täglich. In unserer freien Zeit spielten wir Cricket oder gingen auch mal in den Zoo. Außerdem war sie eine wunderbare Zuhörerin. Wir planten Kinder. Es gab für mich nie einen Grund andere Fischstäbchen anzuschauen oder nur daran zu denken was passieren würde, wenn das Fischstäbchen mal nicht mehr da war.

Aber jetzt, jetzt war das Fischstäbchen weg. Und ich ganz alleine. Und der Dorsch. Der Dorsch war geil. Sehr sehr geil. Ich stehe jetzt ungefähr schon seit fünf Minuten vor dem Tiefkühlregal und starrte den Dorsch an. Er starrte zurück und wir spielten das Spiel *Wer zuerst blinzelt, verliert.* Das hatte ich auch schon mit meinem Fischstäbchen gespielt und wie beim Fischstäbchen verlor ich auch diesmal. War es Schicksal? Mit dem Fischstäbchen hatte ich auch viel Schach gespielt. Das konnte sie einfach. Strategisch denken, strategisch planen. Sie hatte ihr Gehalt immer angelegt und mir auch geraten, ich solle sparen. Sie, sie war immer die Konstante von uns beiden. Mein Ruhepool. Und wenn ich mal ohne sie feiern war und mich danach zu ihr in das Tiefkühlfach legte, um bei meinem kleinen Fischstäbchen zu sein, da tätschelte sie meinen Kopf, legte ihren Fischstäbchen-Körper an meine Wange und flüsterte mir zu, sie würde mich lieben. Sie, sie war immer da für mich.

Was würde das Fischstäbchen wohl machen, wenn ich es gewesen wäre, der sich im Abfluss aufgelöst hätte. Wahrscheinlich würde sie seufzen und trauern. Aber dann weitermachen. Sie war immer die Pragmatische von uns. Immer. Sie wusste immer, wo es langgeht. Sie bezahlte ja auch meine Miete und las meine Uni-Texte. Sie war immer mehr die Aktive. Verdammt. Ich muss endlich auf eigenen Beinen stehen.

Da sah ich den Dorsch an. Er rührte sich nicht. „Heute ist der erste Tag deines neuen Lebens!", sagte ich sehr sehr laut mitten im Supermarkt, zog Hemd und Hose aus, sprang in das Tiefkühlfach und legte mich zu dem sehr sehr geilen Dorsch.

Dann sah ich nach links. Und sah eine Scholle. Eine sehr sehr geile Scholle.

GEPÄCKSTÜCKE IM SCHNEE

Schnee. Den ganzen Dezember über Schnee. Für uns Zivis hieß das im Dezember vor allem eins – mehr Arbeit. Wir mussten früher losfahren, um pünktlich an die Schulen zu kommen und tatsächlich erstmalig um 7.00 Uhr im Büro sitzen, um nach der Besprechung des Dienstplanes direkt losfahren zu können. Mit dem Schneegestöber und den widrigen Bedingungen auf der Straße stieg auch unsere Unfallrate drastisch an.

Max zerstörte Anfang des Monats voller Elan die Toreinfahrt des Kinderheims, was die Kinder sehr witzig fanden und unser Chef verdammt unwitzig. Ich fuhr einem parkenden Auto einen Seitenspiegel ab, weil ich mich so sehr darauf konzentriert hatte, bei starkem Schneefall so langsam zu fahren, dass ich vergaß, die Spur zu halten.

Nachdem der Spiegel mit einem lauten Klirren zu Bruch gegangen war, beschloss ich, erst einmal die von der Schule abgeholten Kinder im Heim abzusetzen und erst dann zurück zum Unfallort zu fahren. War im Nachhinein vielleicht die bessere Entscheidung, denn als ich wieder am Ort des Geschehens ankam, sah ich, wie ein sehr muskulöser Mittdreißiger, dem der Wagen sehr wahrscheinlich gehörte, mitten auf der Straße herumbrüllte und verkündete, er würde demjenigen Wichser, der ihm den Spiegel abgefahren habe, so was von die Eier abklemmen, dass dieser bis nächstes Jahr solche Schmerzen haben werde, dass er sich wünschte, er wäre nie geboren worden, da entschied ich mich einfach weiterzufahren und so zu tun, als wäre nichts gewesen.

Aber auch sonst lebten wir im Dezember ziemlich gefährlich. Wie wir später von einigen Betreuern erfuhren, stellten sich manche Kinder extra einen Wecker, um noch vor ihrem Schul- und vor unserem Dienstbeginn mit einem Arsenal aus Schneebällen hinter der Einfahrt auf uns zu warten, um uns abzuwerfen.

Weihnachten rückte näher und damit auch ein Event, auf welches wir uns seit Dienstbeginn gefreut hatten – die Weihnachtsfeier! Wie sich herausstellte, gab es insgesamt drei Weihnachtsfeiern, wovon eine ganz in Ordnung, die andere nicht in Ordnung und eine einfach nur unglaublich gut war.

Die Erste, die ganz in Ordnung war, war die offizielle Weihnachtsfeier des Kinderheims. Alle Kinder aus allen Häusern – außer aus dem einen Haus in der Mitte des Geländes, welches grundsätzlich immer abgeschlossen war und bei dem wir nur in absoluten Notfällen klingeln durften – waren in der großen Turnhalle versammelt. Guntram, einer der Erzieher und unser direkter Chef, war der Weihnachtsmann. Es gab kleine Geschenke für jedes Kind, ein Krippenspiel, was auch ganz gut verlief bis Jessica, die Maria spielte, André, der den Josef spielte, boxte, weil er sich gefälligst um was Besseres als einen Stall für sie und ihr Kind kümmern sollte.

Die andere Weihnachtsfeier, welche nicht in Ordnung war, war die der Mitarbeiter. Wir hatten den Aushang bei uns im Büro gesehen und waren alle hingegangen, fest in der Annahme, wir wären auch eingeladen gewesen.

„Ach, ihr auch hier?", begrüßte uns eine Sekretärin, als wir das Foyer, in dem normalerweise Theateraufführungen der Theater AG stattfanden, betraten. Das war schon eine ziemlich komische Situation. Es war kurz nach 15.00 Uhr und alle Betreuer und die meisten Erzieher hatten bereits Glühwein in der Hand. Jemand aus Haus Vier, in dem Kinder bis acht Jahre untergebracht waren, lag bereits auf der Couch und schnarchte vor sich hin. Jemand hatte ihm einen Penis auf die Stirn gemalt. Daneben knutschte eine Praktikantin wild mit einem Erzieher herum und irgendjemand, den niemand kannte, machte Fotos davon. Wir entschieden uns, zu gehen.

Die dritte und beste Weihnachtsfeier war unsere eigene. Wir gingen in die Stadt, tranken Bier und quatschten über Erzieher, Kinder, die Arbeit und unsere Minihubschrauber, die alle drei innerhalb eines Monats fast gleichzeitig kaputt gegangen waren.

Als wir Mitte des Monats den Dienstplan durchsahen, fiel uns auf, dass einer von uns am 23. Dezember eine Fahrt machen musste. Über Weihnachten waren viele Kinder wieder bei ihren Eltern oder bei ihren Erziehungsberechtigten. Manche Kinder mussten allerdings auch über Weihnachten betreut werden und da das Heim, in dem wir den Zivildienst ableisteten, von Weihnachten bis Neujahr dichtmachte, mussten die Kinder in andere Häuser verlegt werden. Da keiner von uns dreien so richtig Lust darauf hatte, diese letzte Fahrt des Jahres zu machen, einigten wir uns auf *Schnick, Schnack, Schnuck* und ich verlor selbstredend. Als ich dann am 23. Dezember abends bei Haus Fünf klingelte, machte ich mir noch keine Gedanken um die Fahrt. Ich wollte einfach nur nach Hause. Am selben Abend traf sich unsere alte Clique von der Schule und ich wollte mich unbedingt mit den Jungs treffen. Das Mädchen, was ich einlud, war sehr still, als wir losfuhren. Es schneite auch an diesem Tag und ich fuhr daher doppelt vorsichtig, um bloß keinen Unfall zu bauen. Irgendwann fiel mir auf, dass ich eigentlich gar nicht genau wusste, wohin ich das Mädchen eigentlich fahren sollte. Bisher hatte ich ja immer nur die Fahrten zur Schule gemacht.

„Weißt du, wo du hin musst, Eva?", fragte ich das Mädchen.

„Da wo ich letztes Jahr schon hingefahren wurde. Das Haus mit dem Schneemann davor."

Da es in diesem Monat sehr viele Häuser mit Schneemännern davor gab, wollte ich auf Nummer sicher gehen und rief in Haus Sieben an. Niemand ging ran. Auch in Haus Drei, Haus Vier, Fünf, Sechs, Zwei sowie der Zentrale war niemand erreichbar. *Scheiße*, dachte ich mir und wurde leicht panisch. Ich war mitten im Schneegestöber auf irgendeinem Seitenstreifen in der

Innenstadt unterwegs, mit einem Mädchen auf dem Rücksitz, das nicht wusste, wohin es gefahren werden musste und die mir jetzt auch noch sagte, sie müsse mal aufs Klo. Nach kurzem Überlegen rief ich Max an, der mir glücklicherweise die Nummer der Außenstelle geben konnte, zu der ich Eva dann hinfuhr. Vor der Außenstelle stand ein Schneemann.

„Hab ich doch gesagt!", sagte Eva trotzig und stieg mit mir gemeinsam aus.

„Also dann, frohe Weihnachten!", sagte ich zu Eva und der Erzieherin, die sie in das Haus brachte.

Im Auto sah ich auf die Anzeige. Schon 19.00 Uhr. Jetzt musste ich noch den Wagen wegbringen, dann mit dem Bus in die Stadt fahren, falls das bei dem Wetter überhaupt möglich war, und dann endlich konnte ich mich mit meinen Kumpels treffen. Morgen war dann Heiligabend, das hieß Geschenke, Essen und Familie bis zum 26. Dezember. Silvester würden wir dann bei David in der Bude feiern, er hatte sturmfrei und es kamen eine Menge Leute. Und dann – frohes, neues Jahr!

Der Bus in die Stadt war brechend voll. Viele hatten augenscheinlich heute noch Geschenke besorgt und viele Familien waren wohl noch auf dem Weihnachtsmarkt gewesen. Als ich vom Busbahnhof in die Kneipe ging, dachte ich kurz über Eva nach, und versuchte mir vorzustellen, wie mein Weihnachten in ihrem Alter ausgesehen hatte. Sicherlich anders als ihres, denn über die Weihnachtstage mit einer nahezu fremden Erzieherin zusammen zu sein, die alles, was sie über Eva wusste, größtenteils von Verhaltens- und Krankheitsberichten sowie Akten vom Jugendamt kannte, war das unweihnachtlichste, was ich mir in diesem Moment vorstellen konnte. Das wurde mir bewusst, als ich die Bar betrat und meine Freunde begrüßte. Ich erzählte, dass ich immer noch Kinder fuhr und keine Gepäckstücke. Und oft auch Kinder, die zu Weihnachten selber nicht genau wussten, wo sie eigentlich hinfuhren und dort dann so lange blieben, bis das Kinderheim wieder regulär aufmachte. Fast wie Gepäckstücke bei der Post, die über die Feiertage eingeschlossen und erst dann wieder ausgetragen wurden. Dann stellte ich mir die Erzieherin vor, die jetzt mit Eva alleine unter einem großen Weihnachtsbaum saß und ihr Geschenke überreichte, welche größtenteils gespendet und so unpersönlich waren, wie eine Bestellung bei Burger King an einer Autobahnraststätte, irgendwo auf der A3 nachts um vier.

„Und, wie läuft die Arbeit?", fragte mich ein Schulfreund, der bereits studierte.

„Gut", antwortete ich nüchtern.

„Lernst du da was? Also, außer fahren?"

„Ich glaube schon", antwortete ich und trank mein Bier aus.

EIN TEXT ÜBER ALKOHOLKONSUM

Der folgende Text war ein Arbeitsauftrag für eine Hochschule. Ich sollte mich mit einer Studie zum Thema „Studierendengesundheit" befassen und den Text auf einer Veranstaltung vortragen. Wenige Stunden davor rief mich die Auftraggeberin an und legte mir nahe, einige kritische Stellen etwas zu „entschärfen". Das hier ist die „unzensierte" Version.

Der Suff heiligt vielleicht die Mittel. Aber er reinigt nicht die Kotze auf meiner Jacke.

Fast die Hälfte der Studierenden der Hochschule Coburg trinken zwei- bis viermal im Monat Alkohol (45,7 %), mehr als jede(r) Vierte mindestens zweimal in der Woche (27,6 %).

Jeder Vierte. Trinkt zweimal in der Woche und öfter. Das find ich gar nicht mal so viel. Wenn ich da vor meiner eigenen Haustür kehre, muss ich gestehen: Da trink ich und mein Umfeld deutlich mehr. Ist aber auch verständlich: Ich studiere Medienwissenschaften und Medienpraxis, das heißt, an stressigen Tagen schau ich meinem Professor anderthalb Stunden beim Half-Life zocken zu und schreib danach 'ne Klausur darüber. An den anderen Tagen hab ich ein Seminar zu Filmgeschichte, einen Workshop zu narrativen Storytelling oder ich hab frei – viel Zeit zum Trinken also und ich trink tatsächlich verdammt viel.

Früher waren wir diese Jungs, die sich Cola und Wodka gekauft haben und in Holzhütten von Kinderspielplätzen für Oberstufenpartys vorglühten, weil wir da die Chance witterten, Mädels von dem Mädchengymnasium „kennenzulernen".

Heute ist das anders. Heute gehen wir in Kneipen, reden über unser stressiges Studium und über Frauen, wir trinken Bier dabei und kommen uns verdammt erwachsen vor. Jedenfalls so lange, bis wir bei unseren Eltern anrufen, weil wir Geld für einen neuen Laptop brauchen, oder, weil unsere Freundin Schluss gemacht hat und Mama sagen soll, dass alles wieder gut wird. Oder so lange, bis wir morgens alleine aufwachen, voll angezogen, der Schädel dröhnt und wir im Nebel des Restdeliriums, zwischen einem angebissenen Döner auf dem Nachttisch und einer Funkuhr, die 14.00 Uhr nachmittags anzeigt, erkennen: Hey. Ich hab mir gestern auf die Jacke gekotzt.

Das Rauschsaufen hat mir oft geholfen. Das klingt sehr traurig und das ist es wahrscheinlich auch. Wenn ich was gesoffen hab, fühle ich mich gut. Ich fühl mich gut. Nicht gerade gesund, vor allem am Tag danach, da kann ich so viel Essiggurken in mich reinschaufeln, wie ich will, der Tag danach ist immer dahin. Aber in der Nacht davor, da fühl ich mich richtig gut. Ich bin selbstbewusster, wenn ich saufe, ich sag direkter, was Sache ist – „... aber ihr. Ihr seid echt die besten Jungs" – würde ich nur betrunken sagen, auch wenn ich es nüchtern viel ehrlicher meine, aber dann doch nichts sage, denn damit gibt man ja schon was von sich preis und was von sich preisgeben, das kann ich einfach nur, wenn ich nicht ganz ich selbst bin, wenn ich die Kontrolle verliere, wenn ich gar nicht merke, dass ich mich vielleicht angreifbar mache, weil ich mal etwas sage, wie ich es meine, auch wenn ich dabei 'n bisschen übertreibe. Also zieh ich lieber einen Mantel an, wenn du mich nach einer ehrlichen Meinung fragst. Einen Mantel. Bestickt mit ungefährlichen Formulierungen, wie „... ja, also wir, wir sind schon ganz gute Freunde ... wir alle ... passt schon. Wir verstehen uns ganz gut, aber ja halt, passt.", oder einem: „Ja, also das Mädchen mag ich schon ganz gerne, aber ne, ich glaub nicht, dass da mehr geht, jedenfalls von meiner Seite aus, klar, wenn mal was geht, wär nett, aber muss nicht. Und die Aktion mit den Rosen. War auch mehr 'n Witz als ernst gemeint. Ich mein, andere Mütter haben ja auch schöne Töchter ..."

Also trink ich, um mal 'n bisschen aus mir rauszukommen, 'n bisschen verkrampft unverkrampft lockerer zu werden, ganz locker ... ganz entspannt ... tief durchatmen ... und dann steh ich nach einem bis zehn Bier in irgendeiner Diskothek und fange an, gruselige Sachen zu fremden Frauen zu sagen, so was wie: „Hey! Ich steh schon die ganze Zeit hier an der Säule und ich hab dich beobachtet und du bist voll hübsch. Wie du aussiehst, dein Gesicht. Voll schön. Smaragd. Hast du nicht Lust rumzumachen?"

„Was?"

„Hast du Lust rumzumachen?"

„Nee ... du bist komisch und betrunken."

„Okay." Und dann werde ich melancholisch, weil ich alleine nach Hause gehe, weil die anderen Jungs noch wohin wollten, aber wir haben uns halt leider verloren und es regnet, aber das macht nichts, denn ich mag es, nachts alleine betrunken nach Hause zu gehen, das macht mich zwar traurig, aber es ist auch schön, weil es mir zeigt, dass wir die geilsten sind. Und unser WhatsApp-Gruppenchat mit den Jungs am nächsten Morgen rastet aus, weil der und der hat die und die flachgelegt und ich lieg im Bett, mit meiner vollgekotzten Jacke und schreib, dass ich's auch voll lustig fand und schicke Smileys voller Freudentränen und sitze im Badezimmer, stopfe die Jacke in die Waschmaschine und den Döner in meinen Mund und schaue in den Spiegel und komme mir verdammt erbärmlich vor. Und die einzigen Freudentränen, die irgendwo auftauchen, sind die auf unseren Smartphones, die wir uns gegenseitig schicken.

Und dann. Dann seh ich dich. Es sind bayrische Wochen in der Mensa, du hast eine Lederhose und ein Karohemd an und siehst lächerlich aus. Es ist 12.00 Uhr mittags, in der rechten Hand hältst du ein Weizenglas und in der linken Hand die Schulter deines Kumpels. Du brüllst dumme Trinksprüche und lachst laut, du tust mir leid, denn du hinterfragst dich und deinen Konsum nicht mehr. Du hast längst damit aufgehört, dich zu hinterfragen, weil du nie damit angefangen hast, dich damit zu beschäftigen, ob du jetzt Drogen nimmst oder halt nur Alkohol trinkst, denn du warst letztes Jahr schon hier und das Jahr davor. Weil freitags in der bayrischen Woche ist es halt „einfach echt geil, ne?!"

„Richtig geile Party! "

Das Bier kostet einen Euro zwanzig und die Frauen sind willig, weil besoffen und du fickst sie alle. Alter, du fickst sie alle. Weil du so 'n krasser Typ bist. Außerdem studierst du was Richtiges und deine Eltern haben Style und das Geld und deine Welt ist in Ordnung, du verstehst es nicht, wie man nicht trinken kann, genauso wenig, wie du es nicht verstehst, dass jemand kein Fleisch essen will, das verstehst du nicht, aber du willst es auch nicht verstehen, weil das Einzige was Sinn macht, sind die Jungs, mit denen du säufst und nach Malle fährst, einfach, weil das Leben 'ne verfickt geile Party ist. Bäm.

Und dann. Dann wachst du am nächsten Morgen auf und hast dir auf die Lederhosen gekotzt. Und du verschickst Freudentränen bei WhatsApp, während du überlegst, ob du die Lederhose einfach so in die Waschmaschine legen kannst, oder wie man die eigentlich reinigt und bist kurz davor deine Mutter anzurufen, um sie nach Rat zu fragen.

Aber du machst weiter. Die nächste Party steht an und ihr wollt vorglühen bei dir zu Hause und dir geht es beschissen. Aber du hast keine Lust abzusagen. Du bist doch der Partyking. Das wissen alle anderen. Nur du selbst hast eigentlich keine Lust mehr zu saufen, aber hey, das haben wir doch schon immer so gemacht.

Ich hab keine Ahnung, ob ich zu viel trinke. Wobei: Nach vielen Richtlinien führen die meisten von uns bestimmt ein verdammt ungesundes Leben. Ja, wir sollten mehr schlafen, mehr Sport machen, weniger trinken und weniger rauchen. Aber – seien wir mal ehrlich: So einfach ist das nicht. Gerade als Student. Und peinliche Motto-WG-Partys sind ohne Alkohol nun mal nicht ganz so witzig wie mit. Das ist Fakt. Wobei peinliche Motto-WG-Partys auch mit Alkohol meistens nicht witzig sind. Außerdem würden wahrscheinlich die wenigsten Studenten nüchtern auf die Idee kommen, Baustellenlampen zu klauen.

Und ich, ich werde auch weiterhin trinken. Weil ich mich auch nicht jedes Mal bis ins Delirium saufe und mit meinen Kumpels auch mal abends Halma spielen und dabei Kakao trinken kann.

Ich muss nicht ständig betrunken sein. Ich entscheide das bewusst. Aber so langsam sollten wir die Hütte auf dem Kinderspielplatz mit dem Wodka und der Cola in PET-Flaschen doch verlassen und verstanden haben, dass Alkohol ja ganz nett, aber Saufen nichts wirklich Cooles mehr ist.

Es geht gar nicht um den Konsum an sich. Es geht um das Bewusstsein dafür. Erst wenn man sich bewusst ist, dass man Drogen nimmt oder Substanzen, die einen verändern, kann man anfangen sich zu überlegen, ob das einem mehr schadet, als man bereit ist zu riskieren. Es geht gar nicht um Zahlen und Daten. Es geht nicht darum, wie gesund man auf einer Skala von eins bis zehn ist, es geht darum, wie gesund man sich fühlt, mit dem was man macht und wieweit man das verantworten kann.

Und ganz ehrlich: Ich werde weiterhin trinken. Mindestens zwei- bis viermal im Monat. Ich werde nicht jedes Mal speien müssen, oft werde ich einfach nur ein Bier trinken und dann entspannt nach Hause gehen, aber ich werde auch weiterhin den Kopf schütteln, wenn ihr Eimersaufen macht und Alkohol abfeiert, als wäre es die Lösung all eurer Probleme. Denn der Suff heiligt vielleicht die Mittel. Aber er reinigt mir nicht die Kotze auf meiner Jacke. Da muss ich dann schon meine Mutter anrufen und nachfragen, ob ich die jetzt in die Waschmaschine werfen kann, oder nicht.

EIN TEXT ÜBER DIE SPRACHE

Der folgende Text entstand kurz, nachdem mir die Auftraggeberin von der Hochschule nahelegte, die Sprache in meinen Text über Alkohol etwas zu entschärfen.

Klar, ihr wollt Authentizität. Ihr wollt die Wahrheit. Ihr wollt, dass Menschen reden und ihre Meinung sagen. Dann lasst sie aber auch reden. Ist doch egal, wenn Kinder „Yolo" und „Facepalm" und „lass Rewe gehen, Brudi" sagen, denn so reden sie halt. Wer seid ihr, dass ihr so tut, als wäre Sprache was Statisches. Sprache hat sich immer geändert und wird sich immer ändern und das ist gut so, sonst würden wir immer noch reden wie Höhlenmenschen.

„Öööh! Öööh!" (= Gib mir mal bitte den Orangensaft rüber.)

Und wir würden keine Begriffe mehr für Dinge erfinden, die existieren, aber die wir nicht beschreiben können. Die Welt dreht sich nun mal und ja, „googeln" ist ein Verb und „tweeten" und „twerken" auch.

Ihr seid Deutschlehrer mit einem Duden im Kopf und habt einen Rotstift in der Hand. Das nervt. Ihr habt Angst vor Veränderung und vor allem habt ihr Angst vor Deutschrap. Ich hab mal versucht, so zu schreiben, wie Schriftsteller schreiben, richtige Schriftsteller. Solche, die Bestseller schreiben und eine Mindmap für ihre Kapitel anlegen, aber ich kann das nicht. Ich raste dann immer aus, deshalb schreib ich so, wie ich schreibe und deshalb rede ich so, wie ich rede und ich kann das nicht, ich kann mich nicht auf eine Bühne stellen und sagen: „Oh, der Sprachverfall unserer heutigen Zeit ist wirklich schlimm. Ich kann das nicht gut heißen. Und außerdem verstehe ich *Haftbefehl* nicht, wie reden die denn?! Das geht nicht."

Ganz ehrlich: Ich feiere Haftbefehl. „*Chabos ficken deine Mutter*

mies im S/S also komm ran. Lan." Find ich gut. Ich versteh die meisten Ausdrücke zwar nicht, weil ich aus einem Zahnarztkinder-
Vorort aus Bonn komme und die einzigen Blätter, mit denen wir
dealten, waren von Diddl, aber ich erkenne die sprachliche Viel-
falt und den Mix aus Saudi-Arabi-Straßen-Ghetto-Slang durchaus
an. Weil ich aus Bonn komme und auch schon mal zwei Semester
Germanistik studiert habe.

Und ihr, ihr macht's euch einfach. Und ja verdammt. Wenn ich
über Alkoholkonsum schreibe, dann hab ich keine Lust, den Satz:
„Und dann wachst du auf und stellst fest: Du hast dir auf die Jacke
gekotzt", in: „Und dann wachst du auf und stellst fest: Du hast
deinen Mageninhalt ein wenig oral auf deiner Jacke entleert", um-
zuändern. Das klingt kacke.

Mich nervt das. Dabei wird das ja immer gefordert. Endlich
mal Klartext reden, weg von belanglosen Phrasen, einfach mal sagen, was Sache ist. Ja gerne. Aber man kann manche Sachen nicht
einfach mit einem Vokabular ausfüllen, was vielleicht nicht ganz
so anstößig ist oder nicht ganz so derb. Manche Dinge sind so,
wie sie sind. Und dann sind sie nicht *schlecht* oder *nicht so gut* oder
inhaltsleer und gar *belanglos*. Nein, sie sind schlichtweg scheiße.

Neo-Nazis sind nicht nur dumm. Die sind scheiße.

Menschen, die auf eine „Demo" in Köln gehen und so tun,
als wären das alles keine ausländerfeindlichen, kahlgeschorenen
Glatzköpfe, sondern nur total friedlich engagierte Hooligans,
sind nicht nur dumm. Die sind scheiße.

Und ja, ich seh das ein, dass man das in keinem Rathaus oder
Parlament sagen kann und ich finde das in Ordnung. Aber ich, ich
bin kein Parlament. Ich bin 'n Typ, der Texte schreibt. Und auch
das finde ich in Ordnung. Und 'n paar andere vielleicht auch und
das reicht mir, um meine Sprache zu benutzen, um Dinge so zu
sagen, so wie ich sie sehe. Also lass doch nicht so tun, als müssten
wir Sprache gegen hippe Jugendwörter verteidigen: „Ja, bei mir
läuft. Aber lief auch vorher. Läuft immer, Diggi."

Ich mein, was soll da passieren? Wovor habt ihr Angst, wir sind immer noch dieselben Menschen und machen immer noch dasselbe, also kommt mal runter. Cool down, steigt mit aufs Yolo-Longboard oder lasst es bleiben, mir vollkommen egal.

Aber ihr seht das nicht. Ihr seht nur Wörter die verschwinden, aber nicht die neuen die entstehen, ihr sitzt immer noch im Panzer und rollt auf ein Kriegsgebiet zu, aber da ist kein Kriegsgebiet, da sind nur wir, die mit Metaphern spielen und sich gegenseitig Vokabeln an den Kopf hauen wie Höhlenmenschen, Vokabeln, von denen wir noch keine Ahnung haben was sie bedeuten sollen, aber egal. Alles ist gut, Brudi.

Und da seid nun ihr, die in ihrem Panzer auf uns zukommen und sagen, sie müssten uns retten. Und erst, wenn ihr angerollt kommt, erst dann ist es ein Kriegsgebiet.

Und ja, vielleicht „fickt Baba Haft deine Mutter immer noch mies", aber er ist Rapper aus

Offenbach ohne Schulabschluss. Und deshalb ist es okay so und das ist auch nicht alles echt, sondern verkauft sich halt gut. Musik ist oft nun mal Entertainment.

Wenn ich Musik mit Schimpfwörtern höre, soll die Sprache auch gefälligst dreckig sein, wenn ich aber jemanden zu einem Poetry Slam einlade, sollte ich ihn auch nicht in seiner Sprachwahl zensieren, oder ihm sagen, wie er manche Sachen sagen sollte. Denn genau das macht den Slam aus. Niemand weiß vorher, was der Typ auf der Bühne gleich sagen wird. Vielleicht sind es Dinge, die dich begeistern. Vielleicht wirst du aber auch vom Poeten sechs Minuten angebrüllt. Oder jemand liest einen Text darüber vor, dass er *Haftbefehl* feiert und du fragst dich die ganze Zeit schon, von welcher Anwaltskanzlei der Typ eigentlich redet. Und auch das ist okay.

Denn dann ist der Auftritt vorbei, der Typ geht von der Bühne, du applaudierst höflich und denkst dir: ‚Was für ein Idiot.' Und auch das ist okay so. Hauptsache du denkst dir nicht: ‚Inhalt war okay. Aber die Sprache, die der Typ benutzt, die passt hier einfach nicht zur Veranstaltung.'

Doch. Die Sprache passt. Und zwar immer und bei jedem. Und ich werde auch weiter *kotzen* statt *erbrechen* sagen, wenn ich einen Text über Alkohol schreibe, weil jeder, der schon einmal richtig betrunken war weiß, dass man sich nicht erbricht, wenn man zu viel getrunken hat. Man kotzt.

Also: Lasst die Panzer ruhig stehen und kommt mit, denn da ist gar kein Kriegsgebiet, da sind nur wir, die mit Sprache spielen.

FEIERABEND

„Katja hsslich" steht nicht mehr an dem Klingelschild vor dem Mädchenhaus. Auch der „Zivi bhindert"-Schriftzug ist verschwunden. Fast ein Zeichen für Versöhnung, denke ich mir, als ich die Klingel drücke und die Treppen hochgehe. Meine Beine sind schwer. Ich bin müde und fühle mich unwohl. Heute ist mein letzter Arbeitstag. Eigentlich ein Grund zur Freude. Katja lächelt mich sanft an. Sie sieht ebenfalls müde aus. Jennifer ist seit einigen Wochen nicht mehr da. Sie wurde in ein anderes Heim verlegt.

Verlegt. Das Wort hört sich falsch an. Umgezogen. Weggebracht. Wie auch immer. Dafür ist seit einigen Tagen Carmen da. Carmen ist dreizehn Jahre alt und neigt zu autoaggressivem Verhalten. Da ist so viel Wut in ihr und wir Zivis können nur erahnen, woher es kommt. Eigentlich wollen wir es aber auch gar nicht genau wissen.

„Ist Carmen schon fertig?", frage ich.

Ein lautes: „Ich bin nicht fertig, weil ich nicht in die Schule gehen werde!!!", hinter Katja zeigt mir an, dass sie immerhin schon wach ist.

„Carmen ist heute etwas ... schwierig", sagt Katja und gibt mir den Autoschlüssel.

„Was ist passiert?", frage ich.

„Sie hat kaum geschlafen ... wegen ..." Katja senkt ihre Stimme. „Wegen ihrer Schwester. Die hat schon wieder ... Nunja, nicht so wichtig."

Carmen weigert sich noch lange, mitzufahren. Nach vielem beschwichtigendem Gerede und der Aussicht auf länger Fernsehen fährt sie schließlich mit. Sie ist ruhig und schaut aus dem Fenster.

Musik will sie keine hören. Carmen und ich schweigen uns an und im Rückspiegel sehe ich, wie sie sich Tränen aus den Augen wischt.

„Alles okay?", frage ich vorsichtig nach.

Carmen nickt und weint. Sie will nicht reden. Jedenfalls nicht mit mir. Und das ist okay so.

„Wisst ihr, was mit Carmens Schwester ist?" Wir sitzen im Büro von Haus Drei und machen Mittagspause. Es gibt Mettbrötchen.

„Keine Ahnung", sagt Max. Mett hängt ihm zwischen den Zähnen. Auch Stefan schüttelt den Kopf. Wir schauen uns kurz an, dann essen wir weiter.

„Das war fein", sagt Stefan und pfeffert seine Servierte schwungvoll in den Mülleimer. Er schaut auf den Dienstplan. „So, wer muss denn heute noch ... oh krass!" Stefan dreht sich strahlend zu uns beiden um. „Es gibt ja nur noch eine Fahrt heute. Dann ist Feierabend, Jungs. Für immer!"

Wir beklatschen uns kurz selber. Uns selbst feiern. Das können wir. Dann reden wir. Über die stressigsten Fahrten. Und darüber wer der coolste Erzieher ist. Wir einigen uns auf Gunnar. Wer der Anstrengendste ist – Martin.

„Und Katja", füge ich hinzu.

Dann ist es 13.00 Uhr. Stefan springt auf. „So! Letzte Fahrt Leute! Wer will den Schlitten lenken?" Er winkt mit dem Schlüssel.

Max fährt. Es ist Ehrensache, dass wir diesmal alle mitfahren. Es ist ja unsere letzte gemeinsame Fahrt. Carmen wirkt überfordert, als wir sie zu dritt abholen, aber sie ist gutgelaunt. Stefan und ich spielen *Ich sehe was, was du nicht siehst* mit ihr und verlieren jedes Mal. Sie lächelt. Alles wirkt normal. Wie immer.

Nachdem wir den Wagen abgestellt haben und Carmen in ihr Haus gelaufen ist, verabschieden wir uns von den anderen Erziehern. Manche umarmen uns und wenigstens ich fühle mich etwas unwohl dabei. Ein paar Kids kommen hinzu und drücken uns auch. Wir geben unsere Schlüssel ab.

„Wir sehen uns auf der Weihnachtsfeier", sagt Gunnar und winkt uns von Haus Vier zu.

„Klar", ruft Stefan ihm zu, „dann wird gesoffen!"

„Alter!", sagt Max, „Reiß dich mal zusammen!"

Aber Stefan winkt ab. „Passt schon, sind doch jetzt eh weg!"

Wir verlassen das Gelände.

„Fühlt sich komisch an, nicht mehr um sieben Uhr hier auf der Matte zu stehen, was?", fragt Max im Gehen.

Wir beide stimmen zu. Und dann, dann stehen wir auf einmal vor unseren Autos.

„Wir sehen uns ja noch mal", sagen wir. „Spätestens bei der Weihnachtsfeier."

WEIHNACHTSMÄRKTE

Die meiste Zeit meines Lebens bin ich ein sehr geruhsamer und umgänglicher Mensch. Man kann mit mir über alles reden und ich habe für die meisten Meinungen und Dinge auf dieser Welt zumindest ansatzweise Verständnis. Außer für Weihnachtsmärkte. Weihnachtsmärkte sind die Achse des Bösen schlechthin, das Konsum-Massaker überhaupt. Die Zeugen Jehovas unter den Religionen, wobei der Weihnachtsmarkt nicht einmal den Anstand hat, vorher an der Tür zu klingeln und zu fragen, ob er kurz mal mit einem über Gott reden darf, sondern einfach direkt da ist und einem irgendeinen Müll verkaufen will.

Weihnachtsmärkte zeigen die Tiefen des Abgrundes unserer zerrissenen Gesellschaft. Weihnachtsmärkte, das sind die Pool-Nudeln im Nichtschwimmerbecken, die letzten Streichhölzer derjenigen, die sich im Dunkel an so romantische Institutionen wie den Weihnachtsmarkt klammern, weil er schon immer mal da war und irgendwie auch dazugehört. Aber ich finde die CSU ja auch nicht automatisch toll, nur weil sie ja irgendwie immer schon da war und irgendwie auch dazugehört.

Weihnachtsmärkte! Und jedes Jahr kommt man nie ganz um einen herum, das ist ein bisschen wie bei Einbahnstraßen. Die sucht man auch nie absichtlich auf, aber irgendwann steht man dann drinnen, wird angepöbelt und angehupt und merkt, dass man total falsch ist.

Diese riesigen, hässlichverzierten Holzhäuser mit total lustiger Dudelmusik stehen aber auch immer direkt im Stadtkern von jeder deutschen Klein- oder Großstadt, man kann einem Weihnachtsmarkt nicht einfach entfliehen, jede Stadt hat einen verdammten Weihnachtsmarkt, jede. Selbst Städte wie Gelsenkirchen haben einen Weihnachtsmarkt. Denkt da eigentlich keiner mehr an die Zivilbevölkerung? Gelsenkirchen an sich ist schon so unglaublich hässlich – muss man denn in ein so warmeitriges Gesicht dann noch einen roten fetten Pickel einpflanzen ihn lustig beleuchten, und ihn dann auch noch Weihnachtsmarkt nennen? Weihnachts-Markt. Wie das schon klingt. Wie ein Bordell für nuttige Engel klingt das, oder wie eine Schlachterei für kleine süße Lämmer. Ein Weihnachtsmarkt, dort kann man Liebe noch in Form von Weihrauch und Duftkerzchen kaufen und danach gibt's leckeres Lammfilet für alle.

Ich hasse Weihnachtsmärkte.

Weihnachtsmärkte, das sind Orte für Menschen ohne jede Hoffnung. Nur sinnvoll für demente Rentner, die ständig vergessen, welche Jahreszeit gerade ist.

Oha, ein Weihnachtsmarkt, es wird also Winter sein! Na dann nichts wie los und schnell Glühwein kaufen!

Noch so 'ne Sache: Glühwein.

Den Dreck gibt's im Netto für einen Euro fünfzig die anderthalb Liter Flasche und selbst das ist noch teuer genug, wenn man sich mal überlegt, was da drin ist. Ich mein – irgend so ein grüner Kobold erbricht sich in einen lauwarmen Eimer Rotwein und die Leute rühren es zweimal um, verlangen drei Euro fünfzig dafür und nennen das dann Glühwein.

Das einzige Weihnachtliche am Weihnachtsmarkt ist der Zwang zum Glücklichsein. Und der ganze Kaufrausch, das ist nicht weihnachtlich, das ist einfach nur totaler Blödsinn und geht mir total auf den Lebkuchen.

Noch so 'ne Sache: Lebkuchenherzen.

Lebkuchenherzen, das sind die eisernen Fußfesseln des einundzwanzigsten Jahrhunderts schlechthin. Ein um den Hals gebundenes *Schatzi* ist gleichzusetzen mit der Proklamation *MEINS! Verpiss dich!*

Hand in Hand läuft das so überglückliche Pärchen – das Weibchen gebrandmarkt wie Vieh – über den Weihnachtsmarkt und erfreut sich an den vielen tollen, bunten Sachen, die es dort an den Ständen zu kaufen gibt, zum Beispiel Honigwachskerzen.

Noch so 'ne Sache: Honigwachskerzen.
Fünf Jahre lang habe ich meiner Mutter jedes Jahr zu Weihnachten Honigwachskerzen gekauft. Und dachte, das wäre so 'ne richtig tolle Idee. Als ich dann irgendwann zwanzig geworden und ihr zum fünften Mal eingepackte Honigwachskerzen vom Weihnachtsmarkt unter den Tannenbaum gestellt hatte, hatte sie auch keine Lust mehr darauf und hat mich dann erstmals zurechtgewiesen. Gut, das war ein bisschen hart, von seiner Gift und Galle spuckenden Mutter gesagt zu bekommen, sie würde einen am liebsten nachträglich noch abtreiben wollen, wenn sie sieht, dass ihr Sohn ihr zu Weihnachten wieder nur beschissene Honigwachskerzen vom Weihnachtsmarkt gekauft hat, aber immerhin war sie sehr ehrlich zu mir und das ist ja auch sehr weihnachtlich. Seitdem verschenke ich nur noch holzgeschnitzte Krippenfiguren.

Noch so 'ne Sache: holzgeschnitzte Krippenfiguren.
Für fünf Euro kriegst du beim Weihnachtsmarkt so ein fertig geschnitztes Asia-Import -Kamel, das, wenn du am richtigen Höcker drückst, anfängt wie irre zu leuchten und wie eine Kuh miaut. Tolle Sache diese Technik. Von wegen Artenvielfalt, drei Tiere in einem, das rockt richtig. Das macht dann auch so richtig Stimmung, wenn du das Teil neben das eingepackte Wildleder-Etui unterm Tannenbaum legst und das Kamel dann laut im Takt der Weihnachtsmusik faucht und blökt.

Noch so 'ne Sache: Wildleder-Etuis.
Aus garantiert echtem Tierfell dreht dir irgendein Student dann, mit einer lustig blinkenden Nikolaus-Mütze auf dem Kopf, für zwanzig Euro ein Wildleder-Etui an. Wildleder-Etuis auf Weihnachtsmärkten. Ich hasse Weihnachtsmärkte.

Alles ist voller Menschen und alle Menschen sind total voll, weil sie Glühwein saufen und weil sprechende Elchköpfe unter Glühweinzelten irgendwelche total harmonischen Weihnachtslieder grölen und weil japanische Touristen Fotos davon machen. Und dann fahren diese japanischen Touristen in ihre Heimat zurück und zeigen ihren Verwandten, Bekannten und Freunden dann Bilder vom Weihnachtsmarkt. Und dann fahren diese Verwandten, Bekannten und Freunde auch zum Weihnachtsmarkt, der voller Menschen ist, die alle voll sind, weil sie Glühwein saufen und weil sprechende Elchköpfe unter Glühweinzelten irgendwelche total harmonische Weihnachtslieder grölen. Und weil die australischen Freunde der japanischen Touristen Fotos davon machen, diese in ihrer Heimat ihren Verwandten, Bekannten und Freunden zeigen, fahren die Verwandten Bekannten und Freunde der australischen Freunde der japanischen Touristen im nächsten Jahr dann zum Weihnachtsmarkt, saufen dann mit den sprechenden Elchköpfen und machen ein Foto davon, wie sie Honigwachskerzen und Wildleder-Etuis kaufen!

Ich hasse Weihnachtsmärkte.

Wobei. Heiße Maronen sind ganz geil. Die können einiges. Und vielleicht geh ich dieses Jahr doch noch auf den Weihnachtsmarkt. Ich brauch nämlich noch ein Geschenk für meine Mutter. Und ganz ehrlich – diese typisch-weihnachtlichen Drachenamulette aus Messing, die sind wirklich schön.

DEINE MUTTER MUSS SICH WIEDER LOHNEN

Neulich hatte ich Klassentreffen. Das war toll.

Aufgereiht wie Vollidioten aus der Schulzeit sitzen Vollidioten aus der Schulzeit in dieser einen Bar, in der wir als Jugendliche ja immer waren und „ach weißt du noch, da da hat der Bernd doch immer hingekotzt, ja genau da, da ist noch der Kotzfleck, haha wie lustig!" Mann, ist das alles witzig, was hatten wir für einen Spaß damals, ja damals, ja damals, ja früher, ja früher, ja wir waren echt die geilsten damals, früher, wir, die Klasse von 2010.

So sitzen die Ex-Streber im Nostalgie-Teich und gaffen gierig sabbernd wie Kühe, die auf Gras oder wie Schimpansen, die auf Bananen warten, auf die Eingangstür, um den nächsten Ex-Mitschüler, der die Bar betritt, erst augenscheinlich und dann verbal zu durchleuchten, um herauszufinden, ob man es in den letzten vier Jahren nach der Schulzeit denn weiter gebracht hat als der da.

Und der da bin ich.

Und ich, ich hab mein Germanistik-Studium abgebrochen, studiere irgendwas mit Medien in Bayreuth und traue mich seit einem Semester nicht mal mehr einen Schein für mein Kombifach abzuholen, einfach weil ich viel zu viel Angst davor hab, dass ich gefragt werde, was man in der Medienwissenschaft denn so lernt, und ich dann nichts anderes sagen kann außer: Fernseher.

Aber das zählt nicht beim Klassentreffen, Karriere ist das, was zählt. Man kann gar nicht früh genug damit anfangen, sich am riesigen Karriere-Klettergerüst namens „Leben" hochzuhangeln, um als Erster ganz oben zu stehen.

Und genau deshalb ruft Eugen-Jonathans Mutter ihm auch zu, wenn Jan-Valentin ihn blockiert, weil der zu langsam klettert, „ ... dann tritt ihn ruhig vom Klettergerüst, so feste es geht, hörst du mich, Eugen-Jonathan? Denn du, du bist mein Kind, mein Schaaatz, irgendjemand wird sich schon um Jan-Valentins blutende Platzwunde kümmern, wenn der erst mal heruntergekracht ist und zuckend auf dem Boden liegt.

Irgendjemand wird schon von irgendjemandem schlecht dafür bezahlt werden, den wieder zusammenflicken. Aber nicht du, Eugen-Jonathan, du nicht, du bist kein Sanitäter, du bist mein Kind, mein Schatz, und du musst nur eins können: Klettern."

Und zwanzig Jahre später sitzt Eugen-Jonathan beim Klassentreffen, hält seine Caipirinha in der Hand und sagt Dinge zu mir wie: „Mein Lieber, es klingt nach einem Klischee, aber Leistung muss sich einfach wieder lohnen."

Und dann sage ich Sachen wie: „Mein Lieber, es klingt nach einem Klischee, aber deine Mutter muss sich wieder lohnen."

Warum reduzieren wir uns auf Einkommen und Leistung und rechnen uns gegenseitig auf Milieus und Vorurteile herunter, wenn jemand nicht in das Schema *zwölf Jahre Schule, drei Jahre Bachelor, zwei Jahre Master, vierzig Jahre Arbeit* passt? Und dann sitzen da Menschen in dieser Bar, die Anfang zwanzig sind, und erzählen mir von Xing.

Xing.

Das ist so 'ne Art Facebook für Erfolgsmenschen. Karrieregeile Typen können sich in Portfolios präsentieren und irgendjemand am anderen Ende des Internets sagt dir, dass dein Xing-Profil lückenlos und dein Lebenslauf geil ist, weil du ja dieses dreiundzwanzigjährige, unbezahlte Praktikum bei der „Ich muss tun, was von mir erwartet wird, sonst bin ich nichts wert"-GmbH gemacht hast.

„Du bist, was du isst", sagt uns diese Knäckebrot-Werbung von diesen Ikea-Fertigmöbel-kotzenden, schwedischen Wasa-Hooligans. Unsinn. Du bist das, was du arbeitest.

„Was nützt denn ein Philosophiestudium, was nützt das denn? Was nützt das denn? Was nützt das denn?", wird ständig gefragt. Nichts. Aber es geht nun mal um Umsatz und Vergleiche. Und genau deshalb brauchen wir Vormittags-, Nachmittags-, Abends- und Mitternachtsunterricht. Schlafen sollte sowieso verboten werden, denn da könnte man ja träumen. Träume nützen keinem und sind auch nicht bei Xing, Träume machen kein Praktikum und studieren eben nicht in Regelstudienzeit, sondern machen halt zehn Semester. Also mach es doch auch einfach mal, pfeif auf eine Lücke in deinem Lebenslauf, und wenn dich Vollidioten wie Eugen-Jonathan beim Klassentreffen dann fragen: „Und, was machst du so?", dann sag doch einfach mal: „Nichts." Und geh raus.

Ich bin dann aus der Bar rausgegangen und hab mich auf einen Spielplatz gesetzt. Und als ich so dasaß, konnte ich vor mir das Klettergerüst, an dem Eugen-Jonathan nun nach Jahren des erfolgreichen Kletterns, Scheine-Abholens, Andere-Kinder-Runtertretens und dem Generell-alles-in-seinem-Leben-richtig-Gemachten sehen, auf dem Eugen-Jonathan endlich ganz oben stand. Und im Moment des völligen Triumphs, da blickte er um sich herum und sah ein, dass er jetzt zwar ganz oben, aber immer noch auf einem Kinderspielplatz war.

Früher, da war alles besser, sagen sie. Das stimmt nicht. Aber früher, da waren *wir* irgendwie besser. Und dann hab ich ihn angesehen und zu ihm hochgerufen, wem das denn jetzt nützt, dass er da alleine oben steht. Aber er hat mich nicht verstanden, weil die Distanz zwischen uns mittlerweile zu groß geworden ist. Und dann ist er runtergefallen und gestorben. Einfach so.

Der Sanitäter, der viel zu spät kam, sagte mir, Eugen-Jonathan habe im Flug nach seinen Träumen gegriffen, aber sich nicht daran festhalten können, weil er sie schon viel zu früh, schon auf dem Weg nach ganz oben los- und freigelassen hatte. Ich sah den Sanitäter an und fragte, ob er getrunken hätte.

„Schon ein bisschen", sagte er. Er käme halt nur gerade von seinem Klassentreffen. Und ich konnte ihn sehr gut verstehen.

INHALT

FLORIAN BALD: „Ein behaarter Mond"

Roman, Buch & CD, 170 S./ 74 min.
ISBN: 978-3-943876-76-5

Medienschaffende sind dekadent, promisk,
arrogant und ziemlich durch, lautet das
Klischee. Das Problem ist, dass Klischees
meistens stimmen. Auch der Berliner Syn-
chron- und Hörbuchsprecher Frank Schaller
säuft, hurt und behandelt Kollegen wie
Dienstboten. Bis er eines Morgens aufwacht
und keine Stimme mehr hat.
Florian Bald schreibt in seinem Coming-
of-Age-Roman für Erwachsene über die
Vergänglichkeit von Ruhm, Liebe und
Lebenslügen und wühlt dabei vergnüg-
lich in den Abgründen und Marotten der
Unterhaltungsindustrie.

MARIEN LOHA: „Waschbär im Schlafrock"

Roman, Buch, 212 S.
ISBN: 978-3-943876-73-4

Karl ist ein eher schüchterner Zeitgenosse.
Karl beobachtet, stellt Fragen, viele Fragen,
meistens aber nur sich selbst: Ist mein bester
Freund nun schwul oder nicht? Kann das
nicht einer der Praktikanten machen? Warum
ist der Bundespräsident in echt kleiner als
im Fernsehen? Wie bekommt ich eine Frau
wieder los, die nach dem ersten Sex bereits
die Namen unserer Kinder festgelegt hat?
Warum hat Natascha unter ihrem Mantel
nichts an? Gott, was hab ich gestern alles
getrunken? Warum ist die Tierärztin eigentlich verheiratet? Und was will dieser Wasch-
bär auf meiner Couch?